Lektüre für

Kluge Frauen

ars=dition

Lou Andreas-Salomé: Ein Anflug von Sommerschönheit   4

Annemarie Schwarzenbach: Istanbul   6

Francisca Stoecklin: Gedichte   14

Bertha von Suttner: Die Waffen nieder!   18

Karoline von Günderrode: Briefe an Friedrich Creuzer   24

Adelheid Duvanel: Der Nachmittag   28

Agnes Sapper: Hoch droben   30

Marie Luise Weissmann: Gedichte   35

Rahel Varnhagen: Brief an Karl Graf von Finckenstein   38

Gertrude Aretz: Die elegante Frau   42

Alfonsina Storni: Mein Herz   47

Elizabeth Barrett Browning: Portugiesische Sonette   50

Franziska zu Reventlow: Altenburg — 54

Marie von Ebner-Eschenbach: Aphorismen — 60

Anna Louisa Karsch: Das lob des Essens — 64

Therese Giehse: Brechts Katze und meine Katze — 68

Adele Schopenhauer: Das Feldmärchen — 72

Paula Modersohn-Becker: Briefe an Otto Modersohn — 79

Marie Luise Kaschnitz: Das letzte Buch — 82

Charlotte Brontë: Brief an Ellen Nussey — 84

Christine Nöstlinger: Morgenworte — 86

Christine Nöstlinger: Morgenelend vor dem Badezimmer — 88

Bettina von Arnim: An die Günderrode — 90

Impressum/Bildnachweis — 96

Lou Andreas-Salomé (1861–1937)
Russisch-deutsche Schriftstellerin

Friedrich Nietzsche, Rainer Maria Rilke oder Sigmund Freud: eine nur kleine Auswahl der epochebildenden männlichen Persönlichkeiten, die der charismatischen Lou geradezu verfielen. Es hagelte Heiratsanträge, die das freiheitsliebende Mädchen reihenweise abwies. Auf intellektuelle, geistig beflügelnde Freundschaften wollte sie sich gern einlassen, auf feste Beziehungen, eine Eheschließung oder gar die körperliche Liebe – niemals! Schließlich brachte sie der Sprachwissenschaftler Friedrich Carl Andreas dazu, diesen eisernen Vorsatz zu brechen – unter anderem durch einen Selbstmordversuch vor ihren Augen – und ihn zu heiraten, allerdings unter einem regelrechten Katalog von Bedingungen; eine davon war, dass die Ehe niemals körperlich vollzogen werden sollte. Sie teilte sich mit ihrem Mann ein Haus, bewohnte jedoch ein anderes Stockwerk als er, akzeptierte seine uneheliche Tochter, hatte auch selbst einige Liebschaften neben der Ehe, beispielsweise mit dem viel jüngeren Dichter Rainer Maria Rilke, der sie glühend verehrte. Lou Salomés umfangreiches literarisches und wissenschaftliches Werk ist heute wenig bekannt; es steht im Schatten ihrer schillernden, unangepassten Persönlichkeit, die mit ihrer eigenwilligen Intellektualität nachfolgende Künstlergenerationen prägte und faszinierte.

Ein Anflug
von Sommerschönheit

Die Blätter fielen.
Aus den Wipfeln der alten breitästigen Linden,
die mitten im Dorf die Kirche umstanden,
sank ein Blatt nach dem andern über die niedrige
Mauerbrüstung des Kirchhofs hinab. Schon war
der Spätherbst weit vorgerückt, und nur die selten
günstige Witterung hatte dem nordischen Oktober
noch einen Anflug von Sommerschönheit gelassen.
Reiche Farbenpracht verhüllte das stille Welken
ringsumher und breitete sich darüber aus
wie ein in Gold und Rot gesticktes Feierkleid.

Annemarie Schwarzenbach (1908–1942)
Schweizer Schriftstellerin und Journalistin

»Ich bin nicht genügsam, will jeden Tag das Einzige und Letzte«, so soll Annemarie Schwarzenbachs Lebensmotto gelautet haben. Diesem Motto blieb sie schonungslos treu, führte ein Leben der Extreme. Nach behüteter Kindheit im Schoß einer erzkonservativen, wohlhabenden Industriellenfamilie schloss sie ihr Geschichtsstudium ausgezeichnet ab und promovierte bereits mit 23 Jahren. Danach begann das »wilde Leben«: Sie zog nach Berlin, freundete sich mit der Familie Mann an und machte ihre ersten Erfahrungen mit Morphium, die in eine lebenslange Sucht führen sollten. Vor den Problemen mit ihrer Familie – Annemaries Eltern sympathisierten mit der rechtsgerichteten Schweizer Front, während sie selbst radikal antifaschistisch eingestellt war – flüchtete sich die junge Frau durch zahlreiche Reisen. Es verschlug sie beispielsweise nach Spanien, Persien, Moskau oder Afghanistan. Innerhalb von zehn Jahren schrieb sie annähernd dreihundert Reisereportagen, wobei sie stets den vernachlässigten, weniger öffentlichkeitstauglichen Facetten der jeweiligen Länder ihr Augenmerk schenkte. Das Reisen war für die ewig Getriebene dabei Selbstzweck und Ausdruck ihrer freien, ungebundenen Lebensführung. Diese Freiheit endete jedoch bei ihrer Morphiumsucht; ihre Abhängigkeit zwang sie zu mehreren längeren Aufenthalten in teuren Schweizer Kliniken. Als sie im Sommer 1942 eines Tages mit dem Fahrrad stürzte, zog sie sich schwere Kopfverletzungen zu, fiel in ein mehrtägiges Koma und starb schließlich neun Wochen später. Nachdem Annemarie Schwarzenbach und ihr Werk zunächst in Vergessenheit gerieten, erlebte sie während der 1980er-Jahre eine Art Revival, und die unkonventionelle Journalistin, die zeitlebens Männer wie Frauen in den Bann ihrer unnahbaren, androgynen Schönheit zog, avancierte zur Kultfigur.

Istanbul

Die Griechen haben das Wort erfunden, schwer und volltönend wie eine farbige Abendstunde vor dem Erlöschen: Melancholie. Der Balkan war voll davon – nur eine Ahnung ließ uns die flüchtige Durchfahrt von Ländern, Grenzen, Gebirgen und Hauptstädten –, aber welche unerlöste Folge von Stunden, welch langsamer Abend, welches Einschlafen unter dem Druck dieser grauen Berge und bräunlichen Ebenen! Schafherden weideten überall, die Maisfelder standen in herbstlicher Dürre. Die Bauern sandten unverständlich schweigsame Blicke unserer verschlossenen Wagenreihe nach, die Frauen verbargen ihre vorgewölbten Leiber unter dick gefütterten Jacken, ihre zerfurchten Klagegesichter unter dunklen Kopftüchern.

Ich versuchte, mich an die Namen der großen Bulgarenzaren zu erinnern, der blutigen Schlachten mit den Byzantinern, an die türkischen Eroberer.

Da begann an einem elenden Bahnhof eine Bläserkapelle zu spielen. Es war schon dunkel, die Leute standen im Wind und bliesen, während der Zug sich in Bewegung setzte ... ein Volkslied vielleicht ... traurig und verloren wehten die Töne uns nach.

Heute Morgen erwachten wir dann in einer neuen, urfremden Landschaft. Diese kahlen Hügelreihen, dieses Steppengras, diese zu weißen Wolken, von Windstößen gejagt – das war schon Asien, begrüßte uns schon wie rauer Nomadenschrei. Hirten, in Pelze gekleidet, die lange Flinte über der Schulter, jagten wie besessen auf ihren kleinen Pferden neben dem Bahngeleise her, während die Ochsen in träger Ruhe mit breiten Hörnern und hellem Fell in der Morgensonne lagen. Bald tauchte das Meer auf – eine tiefblaue Bucht –, leuchtend wie drüben an der verwandten Küste Südfrankreichs; hinausblickend wusste man: unendlich weit jenes geliebte Europa, und fühlte sich wehmütig angerührt.

Mauern tauchten auf, byzantinische Reste, gegen Meer und Land gewendet. In ihren Breschen und Höhlen hatten Hirten ihre Zeltdächer aufgespannt, kleine Rauchsäulen stiegen schwankend in den bewegten Himmel. Und plötzlich war es Istanbul, das mit der Kuppel der Hagia Sophia (ein Kindheitstraumbild), mit glänzenden Ufern, Schiffen, Segeln und einem Meer weißer Häuser, von hellblauem Dunst verschleiert, aus der Spiegelflut emporstieg ... Man wird in den Straßen der Stadt vom Eindruck des Zeitlosen, Ungewissen und Preisgegebenen überfallen wie von einer Versuchung. Wie oft spielt man mit dem Gedanken, das gewohnte Dasein an einer Stelle willkürlich abzubrechen, sich von den alten Orten, Freunden, Tätigkeiten zu trennen, in Anonymität unterzutauchen – und wie weit ist man stets wieder von dieser Versuchung des Schicksals entfernt!

Hier, die Stadt an der Grenze Asiens, die Meerespforte, das glänzende Schwert zwischen Osten und Westen: Sie ist wie eine Drohung überpersönlicher, ja übermenschlicher und zeitloser Abläufe.

Hier werden Völker aus den östlichen Ebenen gesammelt und hinübergeworfen nach Europa, Religionen formen und scheiden sich und erstarren zu goldenem Bilderdienst.

Hier landen Flotten, werden demütige Kreuzritter zu Thronräubern und östlichen Herrschern, Hellenen und Barbaren folgen aufeinander, und nichts ist der Einzelne oder ein Porphyrogennetos …

Wir waren in den Moscheen, Basars und Handwerkervierteln. Wir sahen Bettler, kleine Mädchen, Wasserträger, Blinde und Betende, Popen, Makler, Fischverkäufer, Truthahntreiber – wir sahen all das Längstbekannte: den farbigen Orient, das Nie-ganz-zu-Erfahrende. Vielleicht ist es uns gelungen, eine gute Aufnahme des alten Mannes zu machen, welcher im Hof der Beyazit-Moschee sitzt: in einem hellroten, zerschlissenen Seidenmantel, die Hand zum Handeln und Geldeinnehmen ausgestreckt wie zur würdigsten Verrichtung und einen Weisheitsblick auf uns richtend, voll schmerzerfahrener Gelassenheit und ganz ohne Hohn.

Auch alte Frauen haben oft diesen Blick – man erinnert sich dann daran, dass die Türken ein Herrenvolk waren und Levantiner und Griechen, auch Ägypter, für sich handeln ließen.

Im großen Basar war es sehr still. Die Leute priesen ihre Waren kaum zweimal an und ließen uns weitergehen – bis in die tiefsten und dunkelsten Gewölbe, wo Messingtöpfe, Lampen und Schwertklingen aus dem Dunkel der Nischen leuchteten …

Dort saßen alte Männer neben zerlumpten Knaben, deren Augen wie Tieraugen glühten; sie schwiegen oder wiegten sich ein wenig und sangen. Manchmal hatten sie, zu Haufen aufgestapelt, alten Hausrat, darunter schöne, wenn auch meistens verdorbene und erblindete Stücke.

In alten Büchern sah man Miniaturen, deren zarte Goldlinien kaum noch erkennbar waren im vergilbten Papier; fein geflochtene Armbänder mit Türkisen und Korallen, wunderbar nebeneinander anzusehen; alte Klingen, zerbrochene Teller, in Farben bemalt, die man heute nicht mehr finden würde; russische Ikonenbilder mit rötlich goldenen Heiligengesichtern und großäugigen Gotteskindern; köstlich bestickte Fetzen alter Leinwand; irgendwo, in einem besseren Laden, einen türkischen Frauenmantel, schilfgrün und golddurchwirkt, mit offenem, stehendem Kragen, weiten, lang zulaufenden Ärmeln, für ein schlankes, hochgewachsenes und schmalschultriges Mädchen bestimmt.

Gegen Abend waren wir wieder auf dem großen, grasbewachsenen Platz der Süleymaniye. Der Himmel, an dieser Stelle wie ein Baldachin über dem gobelingestickten Gemälde vom Goldenen Horn, über langen Brücken, angehäuften Barken, dem Galataturm und der ansteigenden Stadt Pera, den grünen Gärten des Serails, den blauen, bewegten Flächen des Bosporus, den reichen Ufern und Inseln und den gelben Küstenzügen, die schon Anatolien, Steppe, Asien aus der Ferne beschwören …

Ein Gebetsrufer sang von einem der weißen, leuchtenden Minarette. Seine Stimme hallte klagend, schwebte langsam von der Höhe herab, verklang, als er sich auf die andere Seite des Turmes wandte. Drüben, über Galata und Beyoğlu, stieg ein leichter Nebel auf und verhüllte die Häusermassen. Auf unserer Seite war die Luft durchsichtig, leicht bewegt und kühl. Wir sahen auf die runden Bleikuppeln der alten Volksküchen des Kalifen hinunter, in die enge Straße, wo die Schmiede in den Mauerarkaden ihre dürftigen Werkstätten eingerichtet hatten. Ihr Hämmern tönte dumpf, daneben Klappern von Eselhufen und Holzsandalen und lang gezogene Abendrufe der Straßenhändler. Ein Mann ging langsam über den Platz, eine Katze auf dem Nacken. Als er sich an einem der Brunnen die Füße wusch, miaute sie ängstlich, sprang herab und strich durch das niedere Gras davon.

Die Gerüche in der Handwerkerstadt waren so durchdringend, dass mir beinahe übel wurde. Nicht nur Fische in flachen Körben: blau schillernde, große Tiere; nicht nur tausend Gewürze, Fleischmassen, Öle, Käse- und Quarkbuden, Melonen, Pfeffersäcke, Bier, gärender Traubenmost; nicht nur ungezählte Garküchen mit ihrem penetranten Hammelfettgeruch, ihren dampfenden Herdlöchern, Tomaten- und Fleischschüsseln, alles in gelber Fettsauce schwimmend – daneben noch, auf der Straße, in den Buden und Werkstätten, kleine offene Feuer, Pfannen mit Gesottenem und Gebratenem, Fischkoteletts, überzuckerten Klößen, in Öl gedrehten Auberginen: ein erstickender Schwall schwerer Gerüche neben Staubwolken, Schmiederuß und feuchtem Wäschedampf. In den Fenstern der Garküchen sah man manchmal, neben Hühner- und

Taubenleichen, nackte Hammelköpfe mit leeren Augenhöhlen wie heidnische Symbole über den dampfenden Schüsseln aufgerichtet.

Inmitten der Handwerkerstadt fanden wir die kleine Moschee, zu der eine Treppe zwischen den Häusern und Läden emporführt. Wir zogen die Schuhe aus und gingen hinein; ein Raum von unendlich reinen Ausmaßen und beruhigender Wirkung empfing uns. Wände und Säulen waren ganz mit den köstlichen blauweißen Fayence-kacheln verkleidet: eine Ablenkung zuerst, sanfte Verwirrung stiftend – dann aber hinüberleitend zu Abstraktion und Andacht.

Ein Türke zeigte mir einen alten, handgemalten und handge-schriebenen Koran. »Nur so lange darf man an dem heiligen Buch schreiben«, sagte er mir, »als man sich vom Denken fernhalten kann. Sobald der Gedanke die innere Ruhe stört, muss man mit der Arbeit abbrechen.«

Um die Abendstunde kamen viele Leute in die Moschee: alte Männer, Zerlumpte und fantastisch Gekleidete, ehrbare Handwerker und fettleibige Händler, Aristokraten und Gaunergesichter. Niemand beachtete uns. Durch die offenen, vergitterten Fenster drangen der Lärm der Straße, Geschrei, Zank, Anpreisung und Feilschen herauf. Die Alten aber, auf hellen Teppichen kniend, verrichteten in tiefer Ruhe ihre mannigfachen Gebetsübungen.

Francisca Stoecklin (1894–1931)
Schweizer Dichterin

Francisca Stoecklin verspürte bereits früh den Wunsch, ihrem kleinbürgerlichen Elternhaus zu entfliehen und Künstlerin zu werden. Sie besuchte die Allgemeine Gewerbeschule in Basel, machte sich danach selbstständig und schloss sich der künstlerischen Bohème an. 1914 reiste sie mit ihrem Bruder Niklaus, der zu diesem Zeitpunkt bereits erste Erfolge als Maler und Grafiker verzeichnen konnte, nach München, wo sie die Bekanntschaft zahlreicher Künstler machte, unter anderem Karl Wolfskehl, Hugo Ball und Emmy Hennings. Nach Ausbruch des Krieges kehrte sie jedoch in die Schweiz zurück, wo sie intensiv an Gedichten arbeitete und 1920 ihren ersten eigenständigen Band publizierte. Nach der Scheidung von ihrem Ehemann zog sie einige Jahre später ins Tessin, verkehrte weiterhin in Künstlerkreisen und wurde von Rainer Maria Rilke gefördert und in ihrer Arbeit unterstützt. Ihr zweiter Gedichtband *Die singende Muschel* trägt im Vergleich zu ihren frühen Gedichten deutlich melancholischere Züge; als vorherrschendes Thema wählte die zu diesem Zeitpunkt bereits schwer herzkranke Dichterin den Tod. 1931 erlag die erst 37-jährige Künstlerin in einem Krankenhaus in Basel ihrem langjährigen Herzleiden; ihr schmales Werk umfasst zwei in ihren charakteristischen freien, reimlosen Versen verfasste Gedichtbände, Novellen und einen Band mit Prosadichtung.

Seele

Sieh, meine Seele ist wie eine Taube,
so leichtbeschwingt und weiß und federweich.
Und ganz erfüllt von Zärtlichkeit und Glaube.
Ein lichter Bote aus dem höhern Reich.

Und meine Seele ist wie eine Wildnis,
wo Geister lauern, Dunkles sich versteckt.
Doch hütet sie zu tiefst das reine Bildnis
der Taube, die kein Schmutz und Sünd befleckt.

Schwertlilien

Das sind die Blumen, die wie Kirchen sind.
Ein Blick in sie hinein zwingt uns zu schweigen.
Wie Weihrauch fromm berauschend strömt ihr Duft,
wenn wir uns zu der schönen Blüte neigen.

Sie sind wie Schmetterlinge dünn und zart.
Und wissen ihr Geheimnis doch zu hüten.
Es hellen goldne Kerzen sanft den Pfad
ins Allerheiligste der Wunderblüten.

Die singende Muschel

Als Kind sang eine Muschel
mir das Meer.
Ich konnte träumelang
an ihrem kühlen Munde lauschen.
Und meine Sehnsucht wuchs
und blühte schwer,
und stellte Wünsche und Gestalten
in das ferne Rauschen.

Bertha von Suttner (1843–1914)
Österreichische Schriftstellerin

Bertha von Suttner war als Schriftstellerin, Aktivistin und Journalistin höchst aktiv und setzte sich leidenschaftlich für die Friedensbewegung ein. Besondere Berühmtheit erlangte ihr pazifistischer Roman *Die Waffen nieder!*, in dem sie die Belastungen und Strapazen des Krieges aus Sicht einer Ehefrau schilderte und somit friedenspolitische Fragestellungen mit feministischen Überlegungen verwob. Die plötzliche Bekanntheit, zu der ihr dieses Werk verhalf, nutzte sie für die weitere Verbreitung ihrer visionären Ideen; beispielsweise war ihr der – zur damaligen Zeit noch in den Anfängen befindliche – Kampf gegen Tierversuche ein Herzensanliegen, ebenso setzte sie sich tatkräftig für die Gleichberechtigung der Frau ein, unternahm zahlreiche Vortragsreisen rund um den Globus und veröffentlichte eine Vielzahl an politischen und essayistischen Schriften.

Bertha von Suttner wurde 1905 für ihren unermüdlichen Einsatz für Frieden und Menschlichkeit als erste Frau der Geschichte mit dem Friedensnobelpreis geehrt, den Alfred Nobel eigens für sie gestiftet hatte.

Die Waffen nieder!

Erstes Buch.
1859.

Mit siebzehn Jahren war ich ein recht überspanntes Ding. Das könnte ich wohl heute nicht mehr wissen, wenn die aufbewahrten Tagebuchblätter nicht wären. Aber darin haben die längst verflüchtigten Schwärmereien, die niemals wieder gedachten Gedanken, die nie wieder gefühlten Gefühle sich verewigt, und so kann ich jetzt beurteilen, was für exaltierte Ideen in dem dummen, hübschen Kopfe steckten. Auch dieses Hübschsein, von dem mein Spiegel nicht mehr viel zu erzählen weiß, wird mir durch alte Porträts verbürgt. Ich kann mir denken, welch beneidetes Geschöpf die jugendliche, als schön gepriesene, von allem Luxus umgebene Komtesse Martha Althaus gewesen sein mochte. Die sonderbaren – in rotem Umschlag gehefteten – Tagebuchblätter jedoch deuten mehr auf Melancholie als auf Freude am Leben. Die Frage ist nun die: War ich wirklich so töricht, die Vorteile meiner Lage nicht zu erkennen, oder nur so schwärmerisch zu glauben, dass allein melancholische Empfindungen erhaben und wert seien, in poetischer Prosa ausgedrückt und als solche in die roten Hefte eingetragen zu werden? Mein Los schien mich nicht zu befriedigen, denn da steht's geschrieben:

»Oh, Jeanne d'Arc – du himmelsbegnadete Heldenjungfrau, könnt' ich sein wie du! Die Oriflamme schwingen, meinen König krönen und dann, sterben – für das Vaterland, das teure.«

Zur Verwirklichung dieser bescheidenen Lebensansprüche bot sich mir keine Gelegenheit. Auch im Zirkus von einem Löwen als christliche Märtyrerin zerrissen zu werden – ein anderer (laut Eintragung vom 19. September 1853) von mir beneideter Beruf – war mir nicht zugänglich, und so hatte ich offenbar unter dem Bewusstsein zu leiden, dass die großen Taten, nach welchen meine Seele dürstete, ewig ungeschehen bleiben müssten, dass mein Leben – im Grunde genommen – ein verfehltes war. Ach, warum war ich nicht als Knabe zur Welt gekommen! (auch ein in dem roten Heft gegen das Schicksal oft vorgebrachter, fruchtloser Vorwurf) – da hätte ich doch Erhabenes erstreben und leisten können. Vom weiblichen Heldentum bietet die Geschichte nur wenige Beispiele. Wie selten kommen wir dazu, die Gracchen zu Söhnen zu haben, oder unsere Männer zu den Weinsberger Toren hinauszutragen oder uns von säbelschwingenden Magyaren zuschreien zu lassen: »Es lebe Maria Theresia, unser König!« Aber wenn man ein Mann ist, da braucht man ja nur das Schwert umzugürten und hinaus-zustürzen, um Ruhm und Lorbeer zu erringen – sich einen Thron zu erobern – wie Cromwell, ein Weltreich – wie Bonaparte! Ich erinnere mich, dass der höchste Begriff menschlicher Größe mir in kriegerischem Heldentum verkörpert schien. Für Gelehrte, Dichter, Länderentdecker hatte ich wohl einige Hochachtung, aber eigentliche Bewunderung flößten mir nur die Schlachtengewinner ein. Das waren ja die vorzüglichen Träger der Geschichte, die Lenker der Länderschicksale; die waren doch an Wichtigkeit, an Erhabenheit – an Göttlichkeit beinahe – über alles andere Volk so erhaben wie Alpen- und Himalayagipfel über Gräser und Blümlein des Tales. Aus alledem brauche ich nicht zu schließen, dass ich eine Helden-natur besaß. Die Sache lag einfach so: Ich war begeisterungsfähig und leidenschaftlich; da habe ich mich natürlich für dasjenige leidenschaftlich begeistert, was mir von meinen Lehrbüchern und von meiner Umgebung am höchsten angepriesen wurde.

Mein Vater war General in der österreichischen Armee und hatte unter »Vater Radetzky«, den er abgöttisch verehrte, in Custozza gefochten. Was musste ich da immer für Feldzugsanekdoten hören! Der gute Papa war so stolz auf seine Kriegserlebnisse und sprach mit solcher Genugtuung von den »mitgemachten Kampagnen«, dass mir unwillkürlich um jeden Mann leid war, der keine ähnlichen Erinnerungen besitzt. Welch eine Zurücksetzung doch für das weibliche Geschlecht, dass es von dieser großartigsten Betätigung des menschlichen Ehr- und Pflichtgefühls ausgeschlossen ist!
... Wenn mir je etwas von den Bestrebungen der Frauen nach Gleichberechtigung zu Ohren kam – doch davon hörte man in meiner Jugend nur wenig und gewöhnlich in verspottendem und verdammendem Tone –, so begriff ich die Emanzipationswünsche nur nach einer Richtung: Die Frauen sollten auch das Recht haben, bewaffnet in den Krieg zu ziehen. Ach, wie schön las sich's in der Geschichte von einer Semiramis oder Katharina II.: »Sie führte mit diesem oder jenem Nachbarstaate Krieg – sie eroberte dieses oder jenes Land ...«

Überhaupt, die Geschichte! – die ist, so wie sie der Jugend gelehrt wird, die Hauptquelle der Kriegsbewunderung. Da prägt sich schon dem Kindersinne ein, dass der Herr der Heerscharen unaufhörlich Schlachten anordnet; dass diese sozusagen das Vehikel sind, auf welchem die Völkergeschicke durch die Zeiten fortrollen; dass sie die Erfüllung eines unausweichlichen Naturgesetzes sind und von Zeit zu Zeit immer kommen müssen, wie Meeresstürme und Erdbeben; dass wohl Schrecken und Greuel damit verbunden sind, Letztere aber voll aufgewogen werden: für die Gesamtheit durch die Wichtigkeit der Resultate, für den Einzelnen durch den dabei zu erreichenden Ruhmesglanz oder doch durch das Bewusstsein der erhabensten Pflichterfüllung.

Gibt es denn einen schöneren Tod als den auf dem Felde der Ehre – eine edlere Unsterblichkeit als die des Helden? Das alles geht klar und einhellig aus allen Lehr- und Lesebüchern »für den Schulgebrauch« hervor, wo nebst der eigentlichen Geschichte, die nur als eine lange Kette von Kriegsereignissen dargestellt wird, auch die verschiedenen Erzählungen und Gedichte immer nur von heldenmütigen Waffentaten zu berichten wissen. Das gehört so zum patriotischen Erziehungssystem. Da aus jedem Schüler ein Vaterlandsverteidiger herangebildet werden soll, so muss doch schon des Kindes Begeisterung für diese seine erste Bürgerpflicht geweckt werden; man muss seinen Geist abhärten gegen den natürlichen Abscheu, den die Schrecken des Krieges hervorrufen könnten, indem man von den furchtbarsten Blutbädern und Metzeleien, wie von etwas ganz Gewöhnlichem, Notwendigem, so unbefangen als möglich erzählt, dabei nur allein Nachdruck auf die ideale Seite dieses alten Völkerbrauches legend – und auf diese Art gelingt es, ein kampfmutiges und kriegslustiges Geschlecht zu bilden.

Karoline von Günderrode (1780–1806)
Deutsche Schriftstellerin

Karoline von Günderrode stieß mit ihrer Dichtung ihre Zeitgenossen schwer vor den Kopf. Sie schrieb zu »kühn«, zu »männlich«, zu leidenschaftlich und kompromisslos für eine Frau, lautete das wenig verständnisvolle Urteil. Ihre Themen waren die großen Themen: Freiheit, Liebe, Tod. »Ich habe keinen Sinn für weibliche Tugenden«, sagte die junge Dichterin über sich selbst. Zu ihrem leidenschaftlichen, zu Extremen neigenden Wesen passt auch ihr Tod: Mit nur 26 Jahren erdolchte sich Karoline, nachdem sie von ihrem langjährigen Geliebten, dem verheirateten Philologen Friedrich Creuzer, verlassen wurde. Die beiden hatten sich ewige Liebe geschworen, doch Creuzer konnte sich nicht dazu entschließen, sich von seiner Frau zu trennen. In eiserner Konsequenz nahm sich Karoline das Leben und entging damit nicht nur einem schmerzvollen Dasein ohne den Geliebten, sondern auch dem tiefen Zwiespalt zwischen der leidenschaftlichen Liebe zu Creuzer einerseits und andererseits ihrem unbändigen Freiheitsdrang, der sich eigentlich mit keiner Bindung vereinbaren ließ.

Briefe an Friedrich Creuzer

vor dem 26. Juni 1805

Ich fasse die Änderung Deiner Gesinnung nicht. Wie oft hast Du mir gesagt, meine Liebe erhelle, erhebe Dein ganzes Leben, und nun findest Du unser Verhältnis schädlich. Wie viel hättest Du ehmals gegeben, Dir dies Schädliche zu erringen. Aber so seid ihr, das Errungene hat euch immer Mängel. Ich darf Dich auch bitten, anders darüber zu denken, doch nicht erweichen wollen, wie ich in meinem vorigen Brief tat. Es geziemt mir dieses nicht und könnte mir Vorwurf zuziehen. Und das muss ich berechnen, seit Schwarz vielleicht wieder Einfluss auf Dich hat, denn nicht Liebe richtet mich allein, auch dieser, der mich nicht versteht. Mir ist, Du seist ein Schiffer, dem ich mein ganzes Leben anvertraut, nun brausen aber die Stürme, die Wogen heben sich. Die Winde führen mir verwehte Töne zu, ich lausche und höre, wie der Schiffer Rat hält mit seinem Freunde, ob er mich nicht über Bord werfen soll oder aussetzen am öden Ufer?

Sieh, in solcher Lage fühle ich mich, doch mein Gefühl entscheidet nicht. Wenn Du Dich in Gefahr glaubst, rette Dich, setze mich aus an das Ufer. Niemand kann es tadeln, ich selbst nicht. Wenn dem innigsten heiligen Leben Verderben droht, soll man es sicherstellen um jeden Preis. Ich bitte, tue, was Dir gut dünkt. Alles kann ich ertragen; heilig wie das Schicksalswalten ist mir, was Du beschließt.

Glaube mir nicht, ich betrüge Dich und mich mit heuchlerischer Entsagung, denn noch habe ich nicht den Gedanken recht gehabt, von Dir verlassen zu werden. Nein, ich halte Dich noch fest in meinen Armen, willst Du entkommen, musst du gewaltig Dich losreißen.

Frankfurt, 18. Nov. [1805]
Mein ganzes Leben bleibt Dir gewidmet, geliebter süßer Freund. In solcher Ergebung in so anspruchsloser Liebe werd ich immer Dir angehören, Dir leben und Dir sterben.

Liebe mich auch immer, Geliebter. Lass keine Zeit, kein Verhältnis zwischen uns treten. Den Verlust Deiner Liebe könnte ich nicht ertragen. Versprich mir, mich nimmer zu verlassen. O Du Leben meines Lebens, verlasse meine Seele nicht. Sieh, es ist mir freier und reiner geworden, seit ich allem irdischen Hoffen entsagte. In heilige Wehmut hat sich der ungestüme Schmerz aufgelöset. Das Schicksal ist besiegt. Du bist mein über allem Schicksal. Es kann Dich mir nicht mehr entreißen, da ich Dich auf solche Weise gewonnen habe.

Adelheid Duvanel (1936–1996)
Schweizer Schriftstellerin

Schon früh zeigte Adelheid erste künstlerische Ambitionen: Sie schrieb nicht nur Geschichten, sondern zeigte auch im Zeichnen und Malen große Begabung. Nach Besuch der Kunstgewerbeschule in Basel absolvierte sie eine Ausbildung zur Textilzeichnerin und begann bald, unter dem Pseudonym »Judith Januar« im Feuilleton der »Basler Nachrichten« ihre eigenen Texte zu publizieren. Nach ihrer Heirat mit einem Kunstmaler arbeitete sie neben dem Schreiben in einem Meinungsforschungsinstitut, um das Haushaltseinkommen der beiden Künstler etwas aufzubessern. Duvanels Werk umfasst vor allen Dingen kurze Erzählungen und lyrische Prosaminiaturen, die vorwiegend von Figuren am Rand der Gesellschaft handeln, von melancholischen, nachdenklichen, einsamen Menschen, die den Boden unter ihren Füßen verlieren. Ihre sensiblen, fein gesponnenen Texte ernteten bereits zu ihren Lebzeiten breite Anerkennung und wurden vielfach ausgezeichnet. 1996 wurde Adelheid Duvanel von einem Reiter erfroren im Wald aufgefunden; sie hatte sich mit Schlaftabletten das Leben genommen.

Der Nachmittag

Zwei Zeitungen fliegen wie abgerissene Flügel über
die Straße, dann wirft der Wind einen Spiegel um, der vor
einem Möbelgeschäft gegen die Hauswand gelehnt steht;
der Lehrling wischt die Scherben zusammen.
Der Nachmittag ist in diesem Café und in der Straße
und daheim in der Wohnung gefangen; überall hält man
ihn fest und versucht, in ihm zu lesen wie in einem Buch,
doch sobald er kann, entgleitet er.

Agnes Sapper (1852–1929)
Deutsche Schriftstellerin

Neben Johanna Spyri und Ottilie Wildermuth war Agnes Sapper eine der meistgelesenen Jugendbuchautorinnen des frühen 20. Jahrhunderts. Ihr war das seltene Glück beschieden, in einer liberalen Familie aufzuwachsen, in der großer Wert auf die Ausbildung der Kinder – auch der weiblichen – gelegt wurde. Nach dem Tod ihres Vaters zog sie mit Mutter und Schwester zum Onkel nach Erlangen, wo Kultur und Bildung großgeschrieben wurden. So entdeckte Agnes ihre Liebe und ihre Begabung fürs Geschichtenerzählen und wurde schon bald im Familienkreis und später auch von ihren eigenen Kindern als lebhafte Erzählerin geschätzt und bewundert.

Zum Schreiben kam sie jedoch Jahre später, nachdem sie auf Anregung ihres Mannes mit einer Erzählung an einem Schreibwettbewerb teilnahm und den ersten Preis gewann. Auf diesen Text folgten weitere; ihr bis heute bekanntestes Werk ist der Jugendroman *Die Familie Pfäffling*. Ihre Kritiker werfen Agnes Sapper Puritanismus, Schulmeisterlichkeit und die Verklärung der heilen häuslichen Welt vor; während heutige Kinderbuchexperten ihren Sinn für Humor und ihren einem schnörkellosen Realismus verpflichteten Verzicht auf melodramatische Elemente zu würdigen wissen. Bis in die 1970er-Jahre hinein waren Agnes Sappers Werke in den Buchhandlungen zu finden, dann wurden sie von einer zeitgemäßeren, jedoch nicht minder pädagogisch engagierten Jugendliteratur abgelöst.

Hoch droben

In Berlin war an einem heißen Juninachmittag ein Dachdecker auf dem Dache eines vierstöckigen Hauses beschäftigt. Am Rand des Daches saß er und setzte neue Schieferplatten ein, wo die alten schadhaft geworden waren. Manchmal sah einer der Vorübergehenden von der Straße herauf nach dem jungen Mann in der schwindelnden Höhe. Der Dachdecker aber blickte nicht hinunter, er sah nur auf das Dach mit seinen vielen Plättchen, die glühend heiß wurden in der Sonne, und langsam ging ihm heute die Arbeit von der Hand. Die Hitze wurde immer drückender, die Sonne stach durch die Wolken; jetzt hielt er mit seiner Arbeit inne. Eine lange Reihe Plättchen hatte er eingesetzt, nun kam die nächste Reihe. Er legte sein Werkzeug aus der Hand, wischte sich den Schweiß von der Stirne und ruhte einen Augenblick. Da fiel sein Blick auf die Straße, wo die Wagen fuhren und die Menschen wandelten. Er war heute nicht schwindelfrei wie sonst, wo er ruhig in die Tiefe blicken konnte, er schloss die Augen und ruhte. Die Sonne verbarg sich hinter schweren Wolken, ein tiefer Schatten fiel aufs Dach und der junge Arbeiter schlief ein.

Dachdecker, hüte dich, deine Arbeit ist gefährlich, deine Ruhe ist's noch mehr!

Drunten in der Straße wogten die Menschen hin und her, bis ein Mann plötzlich stehen blieb. Er hatte nach der dunklen Wolke geschaut, die sich am Himmel zusammenballte, und da hatte er die Gestalt auf dem Dache wahrgenommen. Andere Vorübergehende folgten unwillkürlich seinem Blick und blieben ebenso an den Platz gebannt stehen wie der erste. Was war dem Mann? Er lag da wie tot. Nein, jetzt rührte er sich ein wenig, der Arm, den er am Kopf gehalten hatte, sank langsam herunter über das Dach. Das Gesicht war halb verdeckt von der Mütze. Schlief er oder war er vom Hitzschlag getroffen?

Von Mund zu Mund gingen diese Fragen in der immer mehr anwachsenden Menge, die mit Grauen in die Höhe blickte zu dem in Todesgefahr schwebenden Mann. Schutzleute kamen hinzu. »Der Mann muss gerettet werden, aber wie? Durch die Dachkammer kommt man schwer bei, von unten wird's besser gehen, mit der Leiter, mit der großen Feuerwehrleiter: Man muss die Feuerwehr benachrichtigen, aber schnell, schnell: wenn der Mann eine Bewegung macht, stürzt er herunter in die Tiefe!«

Einige eilten davon, die Feuerwehr zu holen. Inzwischen füllt sich die ganze Straße, Kopf an Kopf steht die Menge, Wagen halten, sie können nicht durch das Gedränge kommen. Aber trotzdem ist alles still, und von Mund zu Mund geht die Losung: »Nur leise, dass der Mann nicht unruhig wird, sonst ist er verloren.« Ergreifend ist die Stille und die Spannung.

Plötzlich entsteht eine Bewegung in der Menge: »Macht Platz, eine Frau ist ohnmächtig geworden.« – »Es ist seine Mutter«, sagen die Leute, »macht Platz für die Mutter.« Sie ist's ja nicht, sie ist ein ehrsames, altes Jüngferlein, aber die Leute meinen es und machen willig und teilnahmsvoll Platz. »Kommt denn die Feuerwehr immer noch nicht? Sie ist doch sonst so schnell zur Stelle.« In Wahrheit sind erst ein paar Minuten verstrichen, seit man sie benachrichtigt hatte, aber sie erschienen wie eine Ewigkeit. Und jetzt saust sie daher mit Blitzesgeschwindigkeit, die Helme der Männer glänzen in der Sonne. Vor dem Haus wird die Leiter aufgestellt, das große Rad gedreht, bis die Leiter sich höher und immer höher aufrichtet und die obersten Sprossen endlich ganz nahe der Stelle am Dach kommen, wo der Mann liegt. Ein Feuerwehrmann steigt hinauf. Hunderte von Blicken folgen ihm, in atemloser Spannung sehen alle, wie der geübte Steiger in die schwindelnde Höhe kommt, wie er sich seinem Ziele nähert und nun, am Dach angelangt, von der Leiter aus sich rasch und fest gegen den Daliegenden stemmt. Die Berührung weckte den Schläfer, er schlug die Augen auf und sah mit Staunen einen Feuerwehrmann auf der Leiter vor sich. Der aber rief in demselben Augenblick: »Vorsicht, oder Sie fallen!«, und fest drückte er die Hände gegen den Arbeiter.

»Keine Angst«, sagte der Dachdecker, »lassen Sie mich nur aufstehen.«

»Schon recht, wenn Sie können! Wo fehlt's denn, warum liegen Sie da? Ich glaube wahrhaftig, Sie sind da oben eingeschlafen.«

Und ein wenig beschämt sagte der junge Mann: »Es muss schon so sein, es war so heiß, ich wollte nur ein wenig ruhen!«

»Das hätte Ihnen das Leben kosten können.«

Der Dachdecker richtete sich auf, und staunend sah er drunten in der Straße die Volksmenge, die, als der Arbeiter sich erhob, in Bewegung geriet und laut ihrer Freude Ausdruck gab. Den jungen

Mann überkam eine mächtige Bewegung, als er sah, wie um seiner armen Person willen ein solcher Auflauf war. Furchtlos trat er vor an den äußersten Rand, zog seine Mütze vom Kopf, schwang sie in die Luft und rief laut: »Hurra!« Und fröhlich klang es aus vielen Kehlen: »Hurra, Hurra!«

»Jetzt nur vorsichtig die Leiter herunter«, sagte der Feuerwehrmann, »dass nicht zuletzt doch noch ein Unglück geschieht,« Aber der Dachdecker deutete auf die Schieferplättchen: »Ich kann noch nicht Feierabend machen«, sagte er, »ich muss an die Arbeit gehen, und mein Weg führt durch die Dachluke.«

»Also gut«, sagte der Feuerwehrmann, »schlafen Sie nicht noch einmal ein auf dem Dache.«

»Mein Lebtag nimmer«, sagte der Dachdecker, »ich mach meinen Dank für die Lebensrettung.«

»Schon recht.« Der Feuerwehrmann stieg hinab. Die Menge drunten verlief sich, die große Leiter wurde weggefahren, bald hatte die Straße wieder ihr gewöhnliches Aussehen und droben auf dem Dach arbeitete der junge Dachdecker. Jetzt ging ihm die Arbeit flink aus der Hand, er war nicht mehr müde, hatte er doch ein gutes Schläfchen gemacht; auch kamen ihm allerlei Gedanken über die Gefahr, in der er geschwebt hatte, über die hilfreichen Menschen und über Gott, den Herrn!

Maria Luise Weissmann (1899–1929)
Deutsche Schriftstellerin

Maria Luise Weissmann entstammte einem gebildeten Elternhaus und kam bereits früh mit Literatur in Berührung. Mit 19 Jahren veröffentlichte sie unter einem Pseudonym erste Gedichte im »Fränkischen Kurier« und betätigte sich im Literarischen Bund in Nürnberg. Nach ihrem Umzug nach München begann sie, erst im Buchhandel und später in einem Verlag mitzuarbeiten, bevor sie schließlich ihre Gedichte in eigenständigen Bänden publizieren konnte, für die sie positive bis euphorische Kritiken erntete – in der »Berliner Börsenzeitung« wurde sie als »die größte Lyrikerin, die unser Volk seit den Tagen der Annette von Droste-Hülshoff geboren hat« bezeichnet. Sie starb nur 30-jährig an den Folgen einer schweren Angina. Typisch für Maria Luise Weissmanns Lyrik sind, ganz den Geist Rilkes weitertragend, subtil gesetzte Reime, fließende, freie Rhythmen und die Tendenz zum »Dinggedicht«.

Die Katzen

Sie sind sehr kühl und biegsam, wenn sie schreiten,
und ihre Leiber fließen sanft entlang.
Wenn sie die blumenhaften Füße breiten,
schmiegt sich die Erde ihrem runden Gang.

Ihr Blick ist demuthaft und manchmal etwas irr.
Dann spinnen ihre Krallen fremde Fäden,
aus Haar und Seide schmerzliches Gewirr,
vor Kellerstufen und zerbrochnen Läden.

Im Abend sind sie groß und ganz entrückt,
Verzauberte auf nächtlich weißen Steinen,
in Schmerz und Wollust sehnsuchtskrank verzückt
hörst du sie fern durch deine Nächte weinen.

Kakteen

Sie stehen jahrelang im Topf aus Ton,
Verstockte in sich, selbstverliebte Käuze,
in einer rätselhaft verbissnen Fron
der Form: sind Kugel, Kegel, Kreuze,

Sie gleichen Birnen, missgebornen Köpfen,
sind Stein-Gespenster, Schlange, Hand:
verfeindet so dem Außen, dass in Schöpfen
Stacheln aufstehn um sie wie eine Wand,

Dahinter sie verharrn, anarchisch, kündend,
Prophet und Gott, ihr selbstbesessnes Ich,
bis sie auf einmal stumm, in Blumen mündend,
sich ganz verschweigen, opfern, löschen sich.

Das Herz

Öfter ein Morgen, die sanfthinfließende Kühle,
oder ein Mittag verweilt. Trifft dich der Schatten der Nacht.
Oft auch ein Abend, gelehnt in die bläulichen Hänge:
immer tönt dir der Schritt des ruhlosen Wanderers fern.

Rahel Varnhagen (1771–1833)
Deutsche Schriftstellerin

Viele Jahre lang führte Rahel Varnhagen einen literarischen Salon, in dem Literaten, Wissenschaftler, Politiker und Aristokraten ein und aus gingen. Illustre Persönlichkeiten ihrer Zeit, wie etwa Heine, Tieck oder Schlegel, zählten zu ihren Gästen und persönlichen Freunden. Mit ihrem Esprit und ihrer Eloquenz beeindruckte sie ihre größtenteils männlichen Gäste, darunter nicht zuletzt Johann Wolfgang von Goethe, der sie, fasziniert von ihrem bestechenden Charme, als »schöne Seele«

bezeichnete. Neben ihrer Tätigkeit als Förderin der Künste war Rahel Varnhagen auch selbst literarisch aktiv, allerdings nur in dem begrenzten Rahmen, der für Frauen (insbesondere Jüdinnen) ihrer Epoche möglich und akzeptiert war. Zu ihren Lebzeiten publizierte sie zahlreiche Aphorismen und einige journalistische Beiträge; der Großteil ihres Werkes, darunter rund 6000 Briefe, wurde jedoch postum von ihrem Ehemann Karl August Varnhagen und dessen Nichte herausgegeben.

Brief an Karl Graf von Finckenstein

Berlin, 8. Januar 1799

Wie ist Dir, lieber K. Da Schweigen tausend anderem Schweigen so ähnlich ist, als sich die Worte sind, die nichts von dem ausdrücken, was in mir vorgeht, so will ich wieder reden. Ich will Dich bloß fragen, wie es Dir möglich ist, mir nicht mehr zu schreiben – (Kennst Du den Unterschied nicht, dass es gar nichts wäre, wenn ich Dir nicht geschrieben hätte? Du bist überhaupt der handelnde Teil; Du bist angebetet –). Meine Existenz kannst Du nicht vergessen haben; aber wie ich bin! – Warum bist Du denn so verstockt? Das schreibst Du mir in so vielen leeren, düsteren Monaten – oder erinnerst Du Dich nicht, dass sie für mich so sind? Weißt Du, ich kann mir gar den Eindruck nicht denken, den dieser Brief auf Dich machen mag: denn ich glaubte nicht, dass Du Dich so von mir entfernen könntest, und da ich einmal falsch glaubte, nun weiß ich nichts mehr. Ich führe hier ein schönes Amt; ich schreibe eigentlich einen desolierten Liebesbrief; das war mir nur noch übrig gelassen! Aber sei ruhig, ich schreibe ihn nur mir, nicht Dir. Ich zeig Dir nur, was ich leide: was einem einmal besorgten Weibe (Du weißt, ob ich kleinmütig, misstrauisch, gewöhnlich, weibisch-weiblich bin) durch die Seele gehen muss (ach nein, glaub es nicht, ich zeig es Dir nicht, das vermag keiner), was Du mich hast leiden machen, ohne dass es in Dir so wär. Hättest Du bei allen Diners nicht eine Migräne vorschützen können und mir ein liebendes Wort haben schreiben können, wovon ich gelebt haben würde: so starb ich.

Besinne Dich einmal: Das kannst Du nicht für mich tun? Nun was denn? Sag mir einmal, an was soll ich denken – um nicht zu verzweifeln. Du sprichst doch immer von Sehnsucht; ich sag Dir, ich sterbe aus Sehnsucht, aus reiner Sehnsucht. Keine Hoffnung, kein Ruhepunkt, keine Aussicht. Weißt Du, ich wünsche Dich sogar hier: Ich will all diese Leiden (was ich, so wahr Gott lebt, für unmöglich hielt) noch einmal tragen, nur Dich sehen.

Bist Du hier, so bist Du's nicht für mich; und wirst bald wieder weg: Und dann – dann bring ich mich um, das ist das Einzige, was Du für mich tun kannst. Ich bitte Dich! Schreib mir, ich soll so nicht mit Dir reden, sag mir kalt, Du könntest den Ton nicht leiden, weis mich von Dir: und es wird etwas sein; ich werde von Dir bleiben müssen. Tu mir etwas ganz Schlechtes.

Wann kommst Du? Schreib es mir ungefähr; damit ich etwas denken kann. Ich werde unsinnig.

Wie geht's Dir? Wie denkst Du denn an mich? Ich kann Dir nichts schreiben, Du kennst mein Leben. Wie es war, wie es ist. Ich lebe gar nicht. […] Alles was mich umgibt, will ich nicht, und was ich will, hab ich nicht; nichts, nicht das Geringste, in nichts. […] Leb wohl! Wenn Du noch ein Mensch bist, schreibe mir gleich; dann werde ich Dir auch ordentlich antworten, und wir wollen uns wieder en rapport setzen. […] Wenn wir zusammenlebten! Du denkst wohl, es wäre für Dich nicht gut?

Adieu! Leb wohl, geliebter Karl! Denk noch einmal deutlich an mich. Dann wirst Du mir wenigstens schreiben. Adieu! O! Lieber K., was soll ich im langen Leben denken und tun? Ich liebe Dich mehr als jemals, und so wird's immer sein. An was muss ich alles denken! Alles fällt mir ein. Und die Sehnsucht! – So erwarten Dich Deine Lieben nicht. Nur ich, nur ich.

Gertrude Aretz (1889–1938)
Deutsche Historikerin

Das Werk der Historikerin und Schriftstellerin Gertrude Aretz umfasst vor allen Dingen umfangreiche Biografien namhafter Persönlichkeiten, wobei ihr Hauptaugenmerk auf den Lebensgeschichten berühmter Frauen lag. So publizierte sie beispielsweise Bücher über die Marquise de Pompadour, Liselotte von der Pfalz oder Elisabeth I. von England und gab die Memoiren der legendären Salonière Madame de Staël heraus. Aber auch der weniger bekannten Damen nahm sie sich an: In *Die Frauen um Napoleon* porträtierte sie weibliche Persönlichkeiten, die im Schatten des genialen Feldherrn standen, und beleuchtete dessen komplexes, zwiespältiges Verhältnis zu Frauen. Die Abhandlung *Die elegante Frau: Eine Sittenschilderung vom Rokoko bis zur Gegenwart* liefert einen historischen Abriss über sich wandelnde Auffassungen von Mode und Ästhetik im Lauf der Jahrhunderte sowie damit verwobene Überlegungen zur sozialen und politischen Position der Frau.

Die elegante Frau

Die elegante Frau ist eine Zauberin, die Phänomene zuwege bringen kann. Eine nach den Begriffen des Gesetzes der Schönheit absolut hässliche Frau zum Beispiel kann in das Bereich der Schönheit eintreten oder wenigstens die Grenze der Schönheit berühren, wenn sie es mit Geschmack versteht, ihre eigentlichen körperlichen Nachteile in Vorteile zu verwandeln. Ein hervorragender Kenner der Frau und bedeutender Historiker Frankreichs, Octave Uzanne, sagt in seinem ausgezeichneten Werk *Die Pariserin* über die Koketterie der Frau: »Um stets schillernd und begehrenswert zu bleiben, um stets, wie erlesene Kunstwerke und Blumen, Nachfrage zu finden, legen die Frauen Schmuck an und umgeben sich mit Reiher- und Straußenfedern, wie die Vögel der Juno.« – Die Eleganz ist die Literatur der Frau. Ihr persönlicher Stil prägt sich in ihrem Anzug aus. Ihr Geschmack, ihr Takt, ihre Vornehmheit, ihr ästhetisches Empfinden, das alles liegt in ihrer Art, sich zu kleiden und zu schmücken. Der Mann hat nur das Recht, sich anzuziehen, die Frau hingegen darf und soll sich schmücken, verschönen, um die Trübsal des Lebens mit dem Glänze ihres Schmucks, ihrer Anmut und ihrer Schönheit zu erfüllen. Nicht immer ist das allerdings mit äußeren Mitteln zu erreichen, nicht immer können schöne Kleider, Schmuck, Puder, Schminke, Lippen- und Augenstift über Mängel, die ihr von der Natur gegeben sind, hinweghelfen, denn die größte Rolle zum Erfolg einer Frau spielt ihr persönlicher Charme, sowohl der seelische als der physische, immerhin aber vermag eine Frau durch geschickte Betonung ihrer Eigenart wenigstens eine äußere Wirkung zu erzielen.

Alles kann sich in der Eleganz der Frau widerspiegeln: Koketterie, Liebe, Leidenschaft, Sinnlichkeit, Keuschheit, gewollte oder ungewollte, Herbe und Süße, kühler Stolz, Reserviertheit ebenso wie frivole Herausforderung und Laszivität. Immer aber ist es zu allen Zeiten und bei allen Völkern die eigenste Natur des Weibes, sich zu schmücken, für den Mann zu schmücken, mögen auch manche behaupten, sie täten es einzig und allein zu ihrer eignen Freude und Ästhetik. Im Innersten ihres Herzens möchte auch die Kühlste und Sprödeste, wenn nicht den Männern so wenigstens einem Manne, gefallen, und sie wird sich so zu schmücken wissen, dass sie ihm gefällt. Auch den Frauen, ihren Mitschwestern, will sie gefallen, wenn auch nur, um schöner als die andere zu sein und so wiederum auf den Mann zu wirken.

Zu allen Zeiten beherrschte die Erotik die Eleganz der Frau und wird sie immer beherrschen, selbst in unserem sportlichen Zeitalter. Nur schließt die sportliche Eleganz und Koketterie der modernen Frau eine neue Erotik in sich. Das Schwüle, Geheimnisvolle, Verlogene der früheren Jahrhunderte ist dem natürlichen, gesunden Reiz des trainierten Körpers gewichen. Sonne, Wasser, Luft, die drei bedeutendsten Faktoren zur Entfaltung der Schönheit des menschlichen Körpers, haben das Wunder bewirkt.

Aber auch die Frau des 20. Jahrhunderts verzichtet durchaus nicht auf Kunst und Kosmetik, auch nicht auf Modetorheiten und Unpraktisches, wenn sie dazu dienen, ihre Schönheit und ihren Körper in ein vorteilhaftes Licht zu setzen, oder wenn es gilt, die Laune eines Augenblicks zu befriedigen. Nur versteht sie es besser als ihre elegante Schwester der früheren Jahrhunderte, Hygiene und Gesundheit mit Eleganz zu vereinen. Trotz allen Fortschritts geistiger Entwicklung und Tätigkeit will auch die moderne Frau verführerisch sein, und sie ist es vielleicht in höherem Maße, weil sie noch Klugheit, Wissen und Geist zur Verfügung hat.

Mit ihrem seltenen Sinn für Harmonie hat die Frau stets begriffen, dass sie die Natur ausgleichen, ihre Person ihrer Umwelt, ihrer Zeit anpassen muss. Nur die Mittel, sich zu verschönen und sich zu schmücken und so dem Ideale nahezukommen, das man in ihr sieht, sind verschieden. Die eine versucht es mit kostbaren Steinen, die andere mit Farben, Bemalungen, Tätowierungen. Manche hüllt sich in prunkvolle Stoffe, eine andere in leichte, duftige Gewebe und Spitzen. Die einen mästen ihren Körper, wie die Frauen des Orients, um sich dem Manne begehrenswert zu machen, die anderen essen nichts, damit sie die schlanke Linie nicht einbüßen. Wieder andere verstümmeln ihre Füße, wie die Chinesinnen, oder man drückt, wie bei manchen Indianerstämmen, bei der Geburt den Kopf der Mädchen so schmal, dass er wie eine lang gezogene Birne aussieht. Bei der Europäerin und Amerikanerin sind es besonders die Brust, die Hüften, die Beine, der schmale straffe Leib, die sich dem Wandel des Schönheitsideals und der Mode unterwerfen mussten. Und dabei spielt das Mieder und der Hüftgürtel die größte Rolle. Erst in unserem sportlichen Zeitalter büßen sie ihre Macht ein.

Alle Anthropologen aber sind sich darüber einig, dass jedes einzelne dieser Schönheitsideale auf erotischer Basis beruht, wie auch der Schmuck, die Eleganz und die Mode der Frau.

Von alters her spielten Parfüme und kosmetische Mittel eine große Rolle. Die vornehme Araberin und Ägypterin liebten starke Wohlgerüche. Besonders bevorzugt war Moschus und Ambra. Sie salbten ihre Körper mit duftenden Ölen, färbten die Ränder ihrer Augen mit Antimon, ihre Nägel mit dem Saft der Hennapflanze. An Fuß- und Handgelenken trugen sie goldene und silberne Spangen. Sie kleideten sich in feine, kostbare, oft farbige Stoffe. Das bis auf die Knöchel herabfallende, ganz eng anliegende Gewand der Ägypterin betonte besonders die überaus schlanken Formen. Es war bisweilen so durchsichtig, dass bei der geringsten Bewegung des Körpers die einzelnen Linien äußerst reizvoll hervorgehoben wurden. Auch der später aufkommende Mantel war von feinem, durchsichtigem Gewebe. Die Eleganz und Anmut der ägyptischen Tänzerinnen ist berühmt. Und in der Vielseitigkeit ihrer Frisuren und der Verschönerung ihres Kopfschmucks war die Ägypterin geradezu genial. Sie saß oft stundenlang vor dem Spiegel, um die kunstvollen Haartrachten zuwege zu bringen, die sie immer wieder neu erfand. Viele ersparten sich auch die Arbeit und trugen Perücken, genau wie die Damen des 18. Jahrhunderts.

Die Ägypterin, die Griechin, die Römerin, die Asiatin, die dunkle Frau des Urwalds, die Amerikanerin und Europäerin – ganz gleich –, alle sind und waren bedacht, durch Ausschmückung oder Pflege des Körpers und durch Hervorhebung körperlicher Reize Augen und Sinne des Mannes auf sich zu lenken. Die Schönheit siegt. Und da alle schön sein wollen, sind sie schön. Und schön ist, was gefällt.

Alfonsina Storni (1892–1938)
Schweizerisch-argentinische Dichterin

Zwei Tage nach ihrem Selbstmord erschien Alfonsina Stornis Gedicht *Ich gehe schlafen* in der Zeitung »La Nacíon«. Sie hatte es zur Post gebracht und sich anschließend in Mar del Plata in Argentinien ins Meer gestürzt. Die an Brustkrebs erkrankte Dichterin setzte ihrem bewegten Leben ein Ende, einem Leben voller Schmerz, Progression, Rückschläge und Erfolge. Geboren ist Alfonsina Storni in der Schweiz, bereits vier Jahre später jedoch emigrierte ihre Familie nach Argentinien, wo die Kinder nach dem Tod des Vaters schon früh beim Verdienen des Lebensunterhalts mithelfen mussten. So

landete Alfonsina nach Beschäftigungen in einer Hutfabrik und einer Theatergruppe schließlich bei einer Ausbildung als Lehrerin. Schon bald konnte sie erstmals Gedichte in Zeitungen veröffentlichen, kurze Zeit später erschien ihr erster Gedichtband *La inquietud del rosal,* für dessen Druckkosten sie selbst aufkam und die sie bis an ihr Lebensende abbezahlte. Nach und nach erhielt sie Zutritt zu den Künstlerkreisen der Avantgarde, wurde von der Literaturkritik gefeiert, zu finanzieller Stabilität verhalfen ihr diese Erfolge jedoch nicht. Zudem machte ihr ihre labile psychische Verfassung das Leben schwer; Geldsorgen, häufige Jobwechsel und der Verlust enger Künstlerfreunde stellten zusätzliche Belastungen dar.

Stornis Werk gilt als wegweisend für folgende Generationen lateinamerikanischer Dichter; ihr kühner, zuweilen sarkastischer Sprachduktus eckte zwar an, wurde jedoch als frisch und innovativ gewürdigt, sodass sie bereits zu Lebzeiten in Lateinamerika zur Legende avancierte.

Mein Herz

Die Hände lege ich auf mein Herz und fühle,
wie verzweifelt es schlägt.
Was möchtest du?
Es antwortet: Deine Brust aufbrechen,
Flügel haben, die Wände durchbohren,
kreuz und quer durch die Häuser und
wie verrückt durch die Stadt fliegen,
ihm begegnen, seine Brust weiten und mich
mit seinem Herzen vereinen.

Elizabeth Barrett Browning (1806–1861)

Britische Dichterin

Elizabeth Barrett Browning litt zeit ihres Lebens unter gesundheitlichen Problemen, ihre literarische Produktivität schränkte ihr fragiler Gesundheitszustand jedoch zu keiner Zeit ein. Bereits im Alter von 14 Jahren konnte sie erstmals Gedichte in einem privat verlegten Band veröffentlichen – der Beginn einer hochintensiven schriftstellerischen Tätigkeit. Einige Jahre lang nahm sie am literarischen Leben in London rege teil, nach dem Tod ihres Bruders und aufgrund ihrer sich stetig verschlechternden Gesundheit zog sie sich jedoch bald vollständig aus der Öffentlichkeit zurück und mied menschliche Kontakte weitgehend, publizierte allerdings weiterhin konstant ihre Gedichte. Mit ihrem Mann Robert Browning, den sie gegen den Willen ihrer Familie geheiratet hatte, siedelte sie nach Italien über, wo sie noch zahlreiche Gedichtbände schrieb und veröffentlichte, drunter ihr bis heute bekanntestes Werk, die Liebeslyrik-Sammlung *Sonnets from the Portuguese*, die von Rainer Maria Rilke ins Deutsche übertragen wurde.

Portugiesische Sonette

Übertragen von Rainer Maria Rilke

XIV.

Wenn du mich lieben musst, so soll es nur
der Liebe wegen sein. Sag nicht im Stillen:
»Ich liebe sie um ihres Lächelns willen,
für ihren Blick, ihr Mildsein, für die Spur,

die ihres Denkens leichter Griff in mir
zurücklässt, solche Tage zu umrändern.« —
Denn diese Dinge wechseln leicht in dir,
Geliebter, wenn sie nicht sich selbst verändern.

Wer also näht, der weiß auch, wie man trennt.
Leg auch dein Mitleid nicht zu Grund, womit
du meine Wangen trocknest; wer den Schritt

aus deinem Trost heraus nicht tut, verkennt
die Tränen schließlich und verliert mit ihnen
der Liebe Ewigkeit: ihr sollst du dienen.

XLIII.

Wie ich dich liebe? Lass mich zählen wie.
Ich liebe dich so tief, so hoch, so weit,
als meine Seele blindlings reicht, wenn sie
ihr Dasein abfühlt und die Ewigkeit.

Ich liebe dich bis zu dem stillsten Stand,
den jeder Tag erreicht im Lampenschein
oder in Sonne. Frei, im Recht, und rein
wie jene, die vom Ruhm sich abgewandt.

Mit aller Leidenschaft der Leidenszeit
und mit der Kindheit Kraft, die fort war, seit
ich meine Heiligen nicht mehr geliebt.

Mit allem Lächeln, aller Tränennot
und allem Atem. Und wenn Gott es gibt,
will ich dich besser lieben nach dem Tod.

XXIX.

Ich denk an dich. Wie wilder Wein den Baum
sprießend umringt, mit breiten Blättern hängen
um dich meine Gedanken, dass man kaum
den Stamm noch sieht unter dem grünen Drängen.

Und doch, mein Palmenbaum, will ich nicht sie,
diese Gedanken, sondern dich, der teurer
und besser ist. Du solltest ungeheurer
dich wieder zeigen, weithin rauschend wie

es starke Bäume tun. Und dann lass da
das Grüne dieser kreisenden Lianen
abfallen, wo es schon zerrissen ist,

weil meine Freude im Dich-Sehn und -Ahnen,
in deinem Schatten atmend, ganz vergisst
an dich zu denken – ich bin dir zu nah.

Franziska zu Reventlow (1871–1918)
Deutsche Schriftstellerin

Rebellisch und unangepasst von Anfang an, brach Franziska, die eigentlich als Gräfin in eine bayerische Adelsfamilie hineingeboren wurde, schon früh mit ihren Eltern, um sich in der Münchner Bohème mit Gelegenheitsjobs durchzuschlagen. Die »Schwabinger Gräfin« hatte eigentlich eine Ausbildung in Malerei absolviert, doch heute ist sie vor allem durch ihre messerscharfe, ironische Schilderung der Münchner Künstlerszene um 1900 sowie ihre literarischen Skizzen und Essays im Gedächtnis geblieben. Wie weit sie sich mit ihrem überaus unkonventionellen Lebensstil und ihren liberalen Ideen jenseits der Norm bewegte, ist auch heute noch, fast 100 Jahre nach ihrem Tod, erstaunlich: Ihre Ablehnung bürgerlicher Wertvorstellungen ging so weit, dass sie sich nie auf feste Beziehungen oder feste Jobs einließ, sodass sie ihr gesamtes Leben über finanzielle Not litt und ein Großteil ihres »Einkommens« sich aus den Zuwendungen ihrer männlichen Bekanntschaften speiste. Dieser eigenwillige Lebenswandel sorgte zwar dafür, dass sie unentwegt neben finanziellen auch gegen gesundheitliche Schwierigkeiten ankämpfen musste, ließ sie nach ihrem Tod und vor allem seit den 1970er-Jahren jedoch zur Galionsfigur der Frauenbewegung und sexuellen Revolution werden.

Altenburg

1886/87

So kamen die ersten Sommerferien heran. Kurz vorher passierte noch eine große »Geschichte«.

Es war streng verboten, im Garten irgendwelche Früchte zu essen. Da wir in dieser Zeit öfters in den Garten kamen, erst arbeiteten, dann Umhergehen oder Croquet erlaubt war, so war natürlich bald eine große Verwüstung aller Stachel- und Johannisbeersträucher bemerkbar »trotz des Verbotes«!

Großes Verhör folgte. Die Erste jeder Klasse zog mit einem Bogen umher und notierte sich nach Ausfrage die Täterinnen. Von unserer ganzen Klasse, die 18 zählte, meldeten sich 6. Die anderen logen sich heraus. Ich wurde, da ich aus besonderer Liebhaberei gelbe Wurzeln roh gegessen hatte, unter einer besonderen Rubrik notiert. Die Stachelbeeren hatte ich – da sie mir zum Essen viel zu sauer waren – nur für meine damalige Flamme Leonie Massow, die sie aus Gesundheitsrücksichten massenhaft verschlang, gepflückt. Diese zog sich gewandt aus der Sache, und ich fiel natürlich wieder doppelt und 3-fach hinein. Und kam mit dem anmutigen Zeugnis zu Hause an, dass ich mich an einem Diebstahl beteiligt hätte.

Der Abend vor den Ferien verlief sehr tumultuarisch. In jedem Schlafsaal schlief in einem abgetrennten Raum eine Lehrerin. Wenn diese, wie meist geschah, einen Tag früher fortfuhr, wurde dort ein Besen einquartiert, der uns beaufsichtigen sollte.

Natürlich war von einer »Aufsicht« keine Rede. Ich habe selten etwas so wahnsinnig Wildes erlebt wie diese letzten Nächte vor den Ferien. Die ganze Nacht durch flogen Bettkissen, Pantoffeln und die zu diesem Zwecke sich famos eignenden blechernen Waschkannen durch die Luft und das Geschrei der Getroffenen ertönte dazu, andere balgten sich zu fünfen und sechsen in einem Bett herum, noch andere schlichen sich an die Betten, wo ruhigere und schlafbedürftige Individuen drin lagen, mit einer Wasserkanne bewaffnet, zogen den Unglücklichen die Bettdecken fort, spendeten ihnen einen kräftigen Guss Wasser und deckten sie freundlich wieder zu und gingen zum nächsten Bett. Die so Behandelten gerieten entweder in Wut, und es entstand eine Prügelei, oder in Verzweiflung und sittliche Entrüstung, da trockne Wäsche nicht zu erreichen war.

Zuletzt war dann glücklich kein Mensch mehr im Bett, alles tobte durcheinander, der zur Wache befohlene Besen wollte aus seiner Höhle heraus, Ruhe stiften oder uns verklagen, wurde aber bei jedem Versuch so bombardiert, dass er schimpfend in seine Höhle zurückkroch.

Wenn es hoch kam, schlief man gegen Morgen noch einige Stunden. Der Schlafsaal sah am nächsten Morgen wie mehrere Schlachtfelder aus. Es folgte noch eine Andacht, wobei das Knien beim Vaterunser zur allgemeinen Prügelei ausartete und die Pröbstin wütend wurde, dass wir uns am letzten Morgen so betrügen. Aber keine hatte Ohren für irgendetwas, die Freude über die bevorstehende Befreiung war zu mächtig. Gegen 9 zogen wir truppweise zum Bahnhof. Wir, unsere 5, die beiden Asseburgs, ich und noch einige andere wurden von einer Lehrerin nach Magdeburg eskortiert. Es war glücklicherweise keine eigentliche, sondern eine Musiklehrerin, die wenig zu sagen hatte und an die man sich nicht kehrte.

Wir waren demnach unterwegs wie die Wilden.

An der ersten Station ließen wir trotz Widerspruchs uns Bier ans Coupé bringen und bandelten zur Verzweiflung unserer Lehrerin mit dem Kellner an. In Magdeburg trennten wir uns.

5 Wochen Ferien, ich wurde zu Hause trotz meiner Obstsünden ziemlich gnädig aufgenommen, und mit Besserungsgelübden schied ich wieder, um in Magdeburg mit den anderen zusammenzutreffen.

Diese Rückreise nach Altenburg war sehr lustig. Wir nahmen mit unserer Lehrerin ein doppeltes Coupé ein, das durch eine offne Tür verbunden war. Sie saß mit dreien in der einen Hälfte, wo sich noch ein ziemlich schäbiges Ehepaar befand, ich mit den beiden Asseburgs in der zweiten kleineren Hälfte. Die zwei hatten eine Flasche Rotwein mit, die wir unbeobachtet mit Geschwindigkeit leerten und nun sehr lustig wurden.

Der im anderen Coupé befindliche Ehemann hatte sich eine Zigarre angezündet, ich ging nun hinein und sagte mit lauter Stimme zu unserer Lehrerin, Fräulein Bergt genannt: »Sagen Sie dem Kerl doch, dass er nicht qualmt.« Die Gattin des Angeklagten erhob sich entrüstet und sagte zu mir: »Mein Fräulein, sagen Sie bitte nicht, der Kerl qualmt, sondern der Herr raucht. Sie sind noch sehr jung!« Ich zog mich mit der Bemerkung, ich wüsste ganz genau, wie alt ich wäre, zurück.

Bei der nächsten Station stiegen zwei Herren, ein Offizier und ein Zivilist, ein. Als sie die Tür öffneten, schrie ich ihnen entgegen: Herr des Himmels, wer kommt denn da nun, worauf sie lachend fragten, ob sie nicht zu uns einsteigen dürften. Natürlich sagten wir Ja. Statt sich nun in das anstoßende, größere Coupé zu begeben, blieben sie bei uns dreien und in fünf Minuten waren wir die besten Freunde. Sie wollten durchaus wissen, wer wir wären, und lasen die Adressen von Postkarten, die wir nach Hause geschrieben hatten. Darauf stellte sich heraus, dass es Vater und Sohn namens v. Mellentin waren, die mit den Eltern der zwei Asseburgs gut bekannt waren. Als sie meinen Namen erfuhren, behauptete der Vater, der übrigens nicht sehr alt war, er kennte meinen Vater, und ließ sich nicht ausreden, dass dieser in Pommern wohne. Auf meine gegenteiligen Versicherungen behauptete er, er wüsste es besser. –

In Leipzig stiegen die beiden aus. Wir trennten uns mit großem Bedauern, in fröhlicher, tumultuarischer Freundschaft. Nun erst stürmte Fräulein Bergt zu uns herein und wollte uns ganz rasend vorkriegen. Aber wir erzählten ihr, es wären »alte Freunde« unserer Eltern gewesen. – Dann ging das Stiftsleben wieder an. Ich arbeitete jetzt zum ersten Mal mit großem Fleiß, um in die erste Klasse zu kommen. Übrigens stand mein Schicksal einmal sehr auf der Kippe. Drei Wochen nach der Rückkehr kam meine Cousine, Frau v. Asseburg, nach Altenburg, nahm ihre beiden Kinder und

mich mit in die Stadt für den ganzen Tag. Ich hatte am Abend vorher zwei Briefe an meine Brüder geschrieben – die Briefe, die wir erhielten und die wir schrieben, wurden immer von der Pröbstin gelesen – und steckte dieselben am folgenden Tag in der Stadt ein. Dies kam durch eine Äußerung im nächsten Brief von zu Hause heraus. Am Sonntag mussten wir vor der Kirche einzeln zur Pröbstin hereinkommen und sie beurgrunzte dann unsere Zeugnisse. Ich bekam einen ganz netten Schrecken, als sie mir eine donnernde Rede über den Betrug mit den Briefen hielt. Nur der Rücksicht auf meine Eltern hätte ich es zu danken, dass ich nicht sofort geschwenkt würde. Auf das heimliche Fortschicken von Briefen stand nämlich die Strafe sofortigen Entlassens. Ich war ziemlich paff und beschloss, mit Ernst in mich zu gehen.

Marie von Ebner-Eschenbach (1830–1916)
Österreichische Schriftstellerin

Marie von Ebner-Eschenbach stammte aus hochgebildeten Verhältnissen; so durfte sie im Alter von elf Jahren die Bibliothek ihrer verstorbenen Großmutter ordnen und las dabei, was ihr in die Finger kam. Auch ihre Stiefmutter erkannte und förderte ihr literarisches Talent, nahm das junge Mädchen mit ins Theater und versorgte es mit Lesestoff, um ihr ästhetisches Empfinden zu schulen.

Im Alter von 18 Jahren heiratete sie ihren Cousin Moritz, der sie in ihren künstlerischen Ambitionen unterstützte. 1879 machte sie – was damals für eine Frau sehr ungewöhnlich war, zumal sie das Glück hatte, in wohlhabende Verhältnisse hineingeboren und somit nie finanziell darauf angewiesen zu sein, selbst zu arbeiten – eine Uhrmacherlehre. Mit ihren *Aphorismen* (1880) und der gesellschaftskritischen Novelle *Krambambuli* (1883) gelang ihr schließlich, nach recht erfolglosen Versuchen als Dramatikerin, der Durchbruch und sie wurde zu einer der meistverehrten deutschsprachigen Schriftstellerinnen des 19. Jahrhunderts.

Aphorismen

Nenne dich nicht arm, wenn deine Träume nicht in Erfüllung gegangen sind; wirklich arm ist nur, der nie geträumt hat.

Das meiste haben wir gewöhnlich in der Zeit getan, in der wir meinten, nichts getan zu haben.

Die öffentliche Meinung ist die Dirne unter den Meinungen.

Es gibt kein Wunder für den, der sich nicht wundern kann.

Man hat einen zu guten oder zu schlechten Ruf; nur den Ruf hat man nicht, den man verdient.

Wo wäre die Macht der Frauen, wenn die Eitelkeit der Männer nicht wäre?

Wer klug und stark die Mode missachtet
und ihr um keinen Preis Gefolgschaft leistet,
erlebt manchmal den Triumph, dass sie ihm nachgelaufen kommt.

»Ich bin die Mächtigste«,
sprach die Natur, und – die Mode lachte:
»Komm du nur in meine Hände, und wir wollen sehen,
wie ich dich zurichte!«

Man bleibt ein Tor bis ins höchste Alter,
aber man hat nicht mehr das Recht, ein Tor zu sein.
Oh, jung sein, jung sein, und das Recht haben, ein Tor zu sein!

Wie so manche Schriftstellerin gibt es,
die Gutes und sogar Bleibendes geleistet hat und
die von sich sagen darf: Ich bin zur Arbeit immer nur
gekommen, wenn ich nichts mehr zu tun hatte.

Ich war ein junges Mädchen, beinahe noch ein Kind,
meine traumhaften Ansichten, meine Sympathien und
Antipathien wechselten wie Aprilwetter; aber eines
stand immer klar und felsenfest in mir: die Überzeugung,
dass ich nicht über diese Erde schreiten werde, ohne
ihr eine wenigstens leise Spur meiner Schritte eingeprägt
zu haben.

Wenn ich nicht schlafen kann, rufe ich meine Gedanken und sage:
Kommt, unterhaltet mich, meine Gedanken!

So manches papierne Denkmal
hat mehr Bestand als ein Denkmal von Erz.

Es geschieht zu jeder Zeit etwas Unerwartetes;
unter anderem ist auch deshalb das Leben so interessant.

Man muss das Gute tun,
damit es in der Welt sei.

Anna Louisa Karsch (1722–1791)

Deutsche Dichterin

Bereits in jungem Alter begann Anna Louisa Karsch – zunächst aus Geldnot – Gedichte für Hochzeiten und andere Gelegenheiten zu schreiben. In einer zweiten unglücklichen Ehe gefangen, erwirkte sie mithilfe eines befreundeten Offiziers die Trennung von ihrem gewalttätigen, alkoholabhängigen Ehemann durch dessen Einberufung zum Heer. Fortan konnte sie sich intensiver der Dichtkunst widmen und erarbeitete sich zunächst in ihrem Bekannten- und Familienkreis einen Ruf. Der zog schon bald weite Kreise, und sie wurde regelmäßiger Gast in den literarischen Salons von Berlin, wo sie auf Dichtergrößen ihrer Zeit wie Lessing oder Gleim traf, die zu Bewunderern ihrer leidenschaftlich-expressiven Texte wurden. Letzterer, dem sie auch den Beinamen »deutsche Sappho« verdankte, verhalf ihr zur Veröffentlichung ihres ersten eigenständigen Gedichtbandes, sodass sie im Schreiben ein zwar bescheidenes, aber immerhin recht verlässliches finanzielles Standbein hatte und nicht weiter von Gönnern und Mäzenen abhängig war.

D. Chodowiecki

Das Lob des Essens

An Quintus Icilius
1764

Das Lob des Rebensaftes ward
von keinem Dichter je vergessen,
doch keiner sang mit gleicher Art
das Lob vom guten Essen.

O, wenn wir von dem Hunger stark
getrieben sind zum vollen Tische,
erregt alsdann des Rindes Mark,
der Brustkern und die Fische,

das Feldhuhn oder von dem Reh
der wohlgebratne zarte Rücken,
und selbst der Hummer aus der See,
dem Gaumen kein Entzücken?

Wie? Wäre nicht aus Calekut
der Hahn und eines Hammels Lende
so liederwerth als Traubenblut,
das ich vortrefflich fände?

Sprich, Quintus!, wenn Du müd und matt
ins Lager kamst von Kriegestaten,
wie reizte Dich das Schulterblatt
des Ebers frisch gebraten!

Mit welcher Wollust des Geschmacks
verzehrtest Du, statt der Melonen
und Pfirsichen, den trocknen Lachs
beträufelt von Zitronen!

Und wenn Dir noch anjetzt Cothen
nichts darf verbieten, nichts befehlen,
siehst Du mit Lust die Schüsseln stehn
und lobst sie vor Pokälen.

Therese Giehse (1898–1975)

Deutsche Schauspielerin

Ihre Eltern rieten Therese Giehse angeblich davon ab, sich an der Schauspielerei zu versuchen: Sie sei nicht schön genug. Glücklicherweise kümmerte sich die durchsetzungsstarke junge Frau nicht um derlei Oberflächlichkeiten und ging ihren Weg – den Weg zum internationalen Erfolg. Nach einigen Jahren befristeter Engagements landete sie als festes Ensemblemitglied bei den Münchner Kammerspielen unter Otto Falckenberg, bevor sie schließlich zusammen mit Klaus und Erika Mann ihr eigenes Haus, das Kabarett »Die Pfeffermühle«, gründete. Die Dauer der »Pfeffermühle« in Deutschland war allerdings überschaubar: Noch im Jahr der Gründung musste die Gruppe emigrieren, um der Verfolgung durch die Nationalsozialisten zu entgehen; Stationen der Flucht waren die Schweiz, Belgien, die Niederlande, Luxemburg, Österreich, schließlich die USA, wo die »Peppermill« dann aber aufgrund des Ausbleibens größerer Erfolge schließen musste. So kehrte Therese Giehse ans Züricher Schauspielhaus zurück, stand jedoch auch in Berlin mit dem Ensemble von Bertolt Brecht auf der Bühne, mit dem sie sich auch persönlich anfreundete. Sie wurde in zahlreichen seiner weiblichen Charakterrollen besetzt, für die sie neben Helene Weigel bis heute als Maßstab gilt, und wirkte in den Stücken bedeutender Dramatiker wie Hauptmann oder Dürrenmatt mit.

Brechts Katze und meine Katze

Seiner Tierliebe frönte er nur heimlich. Er sagte immer: Was soll denn das Getue um die tierische Kreatur, solange der Mensch so ein armes, geschundenes Luder ist. Dabei mochte er Tiere sehr gern. Brechts hatten eine Katze, die schlüpfte häufig durch die etwas offene Tür in das Zimmer des Dichters. Einmal wurde Brecht erwischt, wie er eng an die Wand gedrückt lag und die Katz' malerisch inmitten des Sofas ruhte. »Die weiß, was sie will, sie will in der Mitte liegen. Das respektier' ich«, hat der große Menschenfreund gesagt und versucht, sich rauszuschummeln. –

Wegen einer Katze hab ich in England eine ganze Gesellschaft mal warten lassen. Der Wagen war schon vorgerückt, um uns zu irgendeiner Festlichkeit zu bringen. Alles wartete auf mich. Eine Freundin kam zurück ins Haus, um nach mir zu suchen: »Wo bleibst du denn?« Ich lag auf der Couch, die Katze auf mir, wir rührten uns beide nicht vom Fleck. »Ich kann doch nicht aufstehen, wenn die Katze auf mir ruht.« Die hatte sich lang hingestreckt und es sich so richtig gemütlich auf mir gemacht. Mein Bauch war genau die Unterlage, die sie brauchte, um warm zu liegen. Meine Freundin stand ziemlich fassungslos vor diesem Bild, das wir zwei ihr boten: »Aber dann jag sie doch weg!« – »Denkst, ich werd mich unbeliebt machen bei der Katz. Ich rühr mich nicht von der Stelle.« Bis spät in die Nacht hätte ich so gelegen. Die Katz hat sich um unsere Auseinandersetzung überhaupt nicht gekümmert. Die hat mit dem einen Aug ein bisschen beleidigt geschaut und wollt ihre Ruhe. Dann hat meine Freundin die Katze vertrieben und sich unbeliebt gemacht bei ihr. Ich hätt mich auf keinen Fall von der Stell gerührt.

Adele Schopenhauer (1797–1849)
Deutsche Schriftstellerin

Als Schwester des Philosophen Arthur Schopenhauer und Tochter der Schriftstellerin Johanna Schopenhauer, die einen literarischen Salon führte, wurde Adele die Leidenschaft für die schönen Künste geradezu in die Wiege gelegt. Schon als junges Mädchen stellte sie mit ihren Dichtungen ihre hohe Begabung unter Beweis und beeindruckte damit nicht zuletzt Johann Wolfgang von Goethe, der im Salon ihrer Mutter ein oft gesehener Gast war. Neben ihrer schriftstellerischen Tätigkeit war Adele als Scherenschnittkünstlerin hoch bewundert; Goethe soll ihren filigranen Werken die wohlklingende Bezeichnung »zartumriss'ne, holde Finsternisse« gegeben haben.

Adele Schopenhauer schrieb Märchen, Gedichte, Romane und Tagebücher und gab nach dem Tod ihrer Mutter deren Nachlass heraus. Sie lebte an unterschiedlichen Orten, ab 1844 vor allem in Italien, in der Hoffnung, das dortige Klima könnte sich ihrer angeschlagenen Gesundheit als zuträglich erweisen. 1849, kurz vor ihrem Tod, musste sie jedoch nach Bonn zurückkehren, wo sie kurze Zeit später ihrer nicht diagnostizierten Krebserkrankung erlag.

Das Feldmärchen

Der Teufel war auch einmal zu Gast geladen gewesen und kehrte spätabends über Feld in seine Wohnung zurück.

Am Haselbusch hatten sich allerlei Herbstnebel gefangen, die, grau zusammengeballt oder formlos umherkollernd, bald hier, bald dort an den Bäumen haften blieben – alte Eichen und Ellern streckten ihnen drohende Arme durch die dämmernde Luft nach, und weiter am kahlen Bergrücken hin, an dem bereits alle Umrisse ineinanderflossen, blitzte zuweilen ein fernes Lerchenstreichen der Jäger lockend und verwirrend auf, um gleich wieder in Nacht zu versinken. In den Wiesenleitungen war der Bach ausgetreten und hatte stückweise einen breiten Morast gebildet, von dem ein paar kleine Sumpfvögel laut kreischend aufflogen, als der Alte sich ihnen näherte – es mochte ihm heiß geworden sein beim Pokal, den er selbst kredenzt hatte, und nun er sich einmal in bestimmte menschliche Verhältnisse begeben, konnte er sich nicht gleich wieder herausfinden – der verfluchte Bach wollte ihm nicht parieren, die kleine Knüppelbrücke schien heute Abend auch nicht recht an ihrer Stelle, der Morast dagegen ihm nachgekommen zu sein; jetzt war er rechts, nun war er wieder links. Ganz in der Ferne schlugen die Dorfhunde an; allmählich verstummten auch sie, und es ward stiller in der ganzen Gegend.

Nur im Gebüsch fuhr zuweilen mit vollen Backen blasend ein Streichwind durch die schon halb entblätterten Bäume, dann ward es wieder ruhig.

Der Teufel mag die Ruhe nicht, er liebt den Spektakel; er machte also große Schritte und erreichte bald das Stoppelfeld. O weh! hier hatte der Maulwurf sein Spiel getrieben. Eh er sich dessen versah, war er um die Ecke herum und stand wieder am Bach.

Ihn neckten die kleinen Naturgeister, wie sie uns armen Menschenkindern es zu bieten pflegen; sie hatten ihn um das Feld und fast auf den alten Fleck zurückgeführt. Wo war in all dem Abenddampf und Nebel der Fußpfad geblieben?

Indessen war der Busch ihm nun doch näher, als es vorhin geschienen; drinnen sah es ganz schwarz aus. Einzelne Tannen krachten durch eigene Wucht oder knarrten langsam mit den schweren Zweigen, wenn der Wind heftiger sich erhob; der Bach rauschte murmelnd dazwischen – überall war es, als ob sich etwas rege, käme, sich lang machte und bald hier, bald drüben auf den Wanderer herniederschaute. Durch das Niederholz strich der Abendhauch sanfter, flüsternder, wie in langsamem Kadenzen: Es klang mehr wie Seufzer als Wehen. Endlich flammten quer über den Rain, gerade an der Rodung hin, ein paar Irrlichter auf; sie tanzten so lustig flackernd umher, als ob all diese verschiedenen Nachtlaute Fiedeltöne wären.

Das war dem Teufel recht. Schrillend pfiff er auf seinem Finger, und tänzelnd und züngelnd stand sogleich eins der Irrlichter vor ihm, oder vielmehr, es versuchte, vor ihm festzustehen, konnte aber nirgend den Boden recht erfassen und flimmerte, sich dehnend und streckend, vor dem Alten auf und nieder.

»Leucht mir nach Hause!«, brummte der Teufel, und sogleich tänzelte das Licht den Rain entlang querwaldein, unter den Buchen hin, immer den Weg bezeichnend und mit einer Anstrengung aufflackernd und aufleuchtend, als habe es sein Leben lang nichts anderes getan als den Dienst einer Stalllaterne. Denn obschon sie ihn weniger scheuen, als wir Menschen es tun, erzeigen die, welche so umher in Wald und Felde hausen, dem Alten gern einen Dienst und mögen es nicht mit ihm verderben. Wenn er böswillig in ihr Spiel sich mischt, schadet er ihnen an der Reputation. Bei den guten Christen stehen die Naturgeister ohnehin schon arg in Verruf, weil sich der Teufel dann und wann in ihr Tun mit eindrängt, und mancher Fromme wirft ihnen das wogende Leben und Treiben in Berg und Tal, das Düften, Klingen und Schimmern als Staatswesen vor und legt sich schwere Buße auf, wenn sie rufend ihm an Herz und Sinne schlagen.

Dem Irrlicht, so jung es auch war, schien dies alles wohl bekannt; es nahm sich sehr zusammen; und obgleich der Weg weit war und es oft große Lust hatte davonzuhüpfen, verlosch es kein einziges Mal, sondern hielt Stich und machte sich fortwährend so lang und so hell wie nur möglich.

Dem Teufel wird in der Welt nicht oft geschmeichelt; er wird dumm, lahm, arm, bös und stinkend gescholten; darum ist er umso empfänglicher für Artigkeiten. Auch mochte ihn der Wein in einen angenehmen Zustand versetzt haben, den seine vorhergegangenen Unfälle nur gedämpft, nicht zerstört hatten; kurz, er ward mit einem Male ungemein gnädig und guter Laune; und als er an seine

Höllenpforte gekommen war, sagte er dem Irrlicht »Schönen Dank« und es möge sich als Trinkgeld eine Gnade erbitten.

Nun wird bekanntlich seit den vielen Kultusministerien alles zivilisiert; das Irrlicht war daher auch gar kein rohes, gemeines Irrlicht mehr, sondern es war gebildet und kannte die Welt vom Hörensagen. Es bat den Teufel, er möge es gütigst in einen Menschen verwandeln: Es wolle gern auf Reisen gehen auf der Eisenbahn, auch in feine Gesellschaft und in böhmische Bäder, um die ausländische Aristokratie kennenzulernen.

Der Teufel ist immer sehr leicht zu verblüffen gewesen; er machte ein paar entsetzlich große Augen, als ihm der Irrwisch so kam; da er aber im Ganzen doch Humor hatte, lachte er und sprach: »Du bist ein Narr, aber du sollst deinen Willen haben! Ich will dir gleich so ein Menschengesicht machen. Was willst du denn für ein Landsmann sein?«

Dem Irrlicht war insgeheim bange, der Alte möge sich anders besinnen; auch wusste es, vornehme Leute dürfe man nicht lange warten lassen; es antwortete also ganz geschwind: »Ach, da wir gerade in Thüringen sind, so mache mich doch zu einem Thüringer.«

»Ganz gut«, sagte der Teufel, »da brauche ich dir gar keine besondere Physiognomie zu machen, so sind wir gleich fertig. Nur eins muss ich dir erst noch sagen, Bursche! In der Welt geht es jetzt curios genug zu, und mehr Confusion darfst du mir nicht hineinbringen. Der da oben – du weißt schon – hält auf seine einmal gemachten Einrichtungen; und wenn die Menschen dahinterkämen, dass so ein Kerl wie du unter ihnen steckte, so würden sie gleich an dir die Naturgesetze studieren wollen, und wir – Er nämlich und ich – könnten uns nachher halbtot phänomenern, eh wir sie wieder in Ordnung kriegten. Auch kann ich Ihn nicht deinetwegen verdrießlich machen; denn Ihm wird jetzt ohnehin sein Himmel, wie mir meine Hölle, bestritten, und da haben wir beide genug zu tun, ohne noch miteinander neuen Hader anzufangen.«

»Gestrenger Herr«, sagte das Irrlicht, »niemand soll es merken, was ich eigentlich bin. Haben Sie nur die Gewogenheit, meine untertänigste Bitte –«

»Du bist ja schon höflich wie ein Sachse und bist noch gar nicht einmal fertig!«, unterbrach es lachend der Teufel, nahm dasselbe beim Schopf, schüttelte und knetete es ein wenig, und siehe da, an dessen Stelle stand ein junger Mensch mit glatt anliegenden dunkelblonden Haaren, blauen Augen, einem hübschen freundlichen Gesichtchen, etwas zu langem Oberkörper und etwas krummen Beinen, aber sonst ein ganz charmanter junger Mann. »Ich empfehle mich Ihnen, Herr Accessist«, sagte der Teufel und lüpfte die Kappe.

»Ganz Ergebenster«, erwiderte, sich tief verbeugend, der junge Mann.

Paula Modersohn-Becker (1876–1907)

Deutsche Malerin

Paula Modersohn entstammt einem gebildeten, weltoffenen Elternhaus, in dem Kunst, Literatur und Musik stets omnipräsent waren und auch bei der Erziehung der insgesamt sieben Kinder eine zentrale Rolle spielten. So wurde das Talent der Tochter früh erkannt und gefördert, und Paula erhielt, gegen die Sitten der Zeit und obwohl sie ein Mädchen war, privaten Mal- und Zeichenunterricht in England, Berlin und Worpswede. In Worpswede schloss sie sich kurzzeitig der dort angesiedelten

Künstlerkolonie an und lernte beispielsweise ihren späteren Ehemann Otto Modersohn sowie die Bildhauerin Clara Westhoff kennen, mit der sie bald eine intensive Freundschaft knüpfte. Ihr Malstil stieß allerdings – zumindest im vergleichsweise konservativen Deutschland, wo immer noch die Salonmalerei der Gründerzeit vorherrschend war – nicht immer auf Verständnis: Ihre progressive Art, mit Farbe und Form umzugehen, war für ihre Zeit ungewöhnlich und wurde in der zeitgenössischen Presse zuweilen als »grober Unfug« bezeichnet.

Während ihrer Ehejahre mit Otto Modersohn pendelte sie zwischen Worpswede und Paris, wo sie erste Erfolge verzeichnen konnte; die wahre Bedeutung ihrer wegweisenden Kunst wurde jedoch erst nach ihrem Tod weltweit erkannt und gewürdigt.

Briefe an Otto Modersohn

Worpswede, Herbst 1900

An den Allerbesten.

Ich habe über uns beide nachgedacht und habe es beschlafen und nun kommt mir Klarheit. Wir sind nicht auf dem rechten Wege, Lieber. Sieh, wir müssen erst ganz tief in uns gegenseitig hineinschauen, ehe wir uns die letzten Dinge geben sollen oder das Verlangen nach ihnen erwecken. Es ist nicht gut, Lieber. Wir müssen uns erst die tausend anderen Blumen unseres Lebensgartens pflücken, ehe wir uns in einer schönen Stunde die wunderbare tiefrote Rose pflücken. Um das zu tun, müssen wir beide uns noch tiefer ineinander versenken. Lass das Bilderstürmerblut der Ahnenfrau ein wenig noch schweigen und lass mich noch eine kurze Zeit Dein Madönnlein sein. Ich meine es gut mit Dir, glaubst Du es? Denke an die holde Kunst, Lieber. Wir wollen diese Woche beide malen. Dann komme ich am Sonnabend früh zu Dir. Und dann sind wir gut und mild. »Das sanfte Säuseln«, wie Du sagtest [...] Leb wohl, Lieber. Denke, was schön ist, und fühle, was schön ist. Wir haben uns ja beide die Hände gereicht, um mit vereinten Kräften feiner zu werden, denn wir sind ja noch lange nicht auf unserem Höhepunkt, ich noch l-a-n-g-e nicht und Du auch nicht, Lieber, Gott sei Dank. Denn Wachsen ist ja das Allerhöchste auf dieser Erde. Nicht? Wir beide haben es noch gut vor ...

Sei still geküsst und lass Dir den geliebten Kopf leise streicheln.
Ich bin Dein, Du bist mein, des sollst Du gewiss sein.
Auf Wiedersehn.
Dein ich.
Lieber? Schlaf auch immer recht schön und viel und iss kräftig.
Nicht? Du*!!*

Bremen, 26. Dezember 1900

Wie hast Du mir so süß geschrieben, Du! Dein Brief war wie ein
weiches Kosen Deiner Hände. Und ich hielt mich Dir hin und ließ es
mir so gerne gefallen.
Wie ist doch die Liebe so ein seltsam Ding. Wie wohnt sie in uns
und ruht sie in uns und nimmt Besitz von jedem Fäserlein unseres
Körpers. Und hüllt sich ein in unsere Seele und bedeckt sie mit
Küssen.
Das Leben ist ein Wunder. Es kommt über mich, dass ich oftmals
die Augen schließen muss, wenn Du mich in Armen hältst. Es
überrieselt mich und durchleuchtet mich und schlägt in mir satte
verhaltene Farben an, dass ich zittere. Ich habe ein wundervolles
Gefühl der Welt gegenüber. Lass sie treiben, was sie will, und hin-
ken statt tanzen, so viel sie will, und schreien statt singen, so viel
sie will. Ich gehe an Deiner Seite und führe Dich an der Hand. Und
unsere Hände kennen sich und lieben sich und ihnen ist wohl.

Marie Luise Kaschnitz (1901–1974)
Deutsche Schriftstellerin

»All meine Gedichte waren eigentlich nur ein Ausdruck des Heimwehs nach einer alten Unschuld«, sagte Marie Luise Kaschnitz in ihrer Rede zur Verleihung des Büchner-Preises 1955. Damit spielte sie auf den Zweiten Weltkrieg an, auf ihre »innere Emigration«, auf die Wandlung ihres Schreibens, die sich während des Kriegs vollzog, hin zur Einfachheit, zum Menschlichen. Das lyrische Ich und seine Identität wurden zu ihrem zentralen Thema, Schritt für Schritt löste sie sich von ihrem anfänglichen Formalismus und wagte sich in experimentellere Gefilde vor.

Ihr gesamtes Leben lang war Marie Luise Kaschnitz außerordentlich produktiv, veröffentlichte Gedichte, Romane und Erzählungen; in ihrem Spätwerk dominieren Hörspiele, biografische und essayistische Aufzeichnungen. Die Krise, in die der Tod ihres Mannes sie stürzte, überwand sie auch schreibend, sie erhielt zahlreiche renommierte Auszeichnungen, wurde als Poetik-Dozentin an die Universität Frankfurt berufen und publizierte bis ins hohe Alter, das sie nicht als »Kerker, sondern Balkon, von dem man zugleich weiter und genauer sieht« empfand.

Das letzte Buch

Das Kind kam heute spät aus der Schule heim. »Wir waren im Museum«, sagte es. »Wir haben das letzte Buch gesehen.«
Unwillkürlich blickte ich auf die lange Wand unseres Wohnzimmers, die früher einmal mehrere Regale voller Bücher verdeckt haben, die aber jetzt leer ist und weiß getüncht, damit das neue plastische Fernsehen drauf erscheinen kann.
»Ja und«, sagte ich erschrocken, »was war das für ein Buch?«
»Eben ein Buch«, sagte das Kind. »Es hat einen Deckel und einen Rücken und Seiten, die man umblättern kann.«
»Und was war drin gedruckt?«, fragte ich. »Das kann ich doch nicht wissen«, sagte das Kind. »Wir durften es nicht anfassen. Es liegt unter Glas.« »Schade«, sagte ich.
Aber das Kind war schon weggesprungen, um an den Knöpfen des Fernsehapparates zu drehen. Die große weiße Wand fing an, sich zu beleben, sie zeigte eine Herde von Elefanten, die im Dschungel eine Furt durchquerte. Der trübe Fluss schmatzte, die eingeborenen Treiber schrien. Das Kind hockte auf dem Teppich und sah die riesigen Tiere mit Entzücken an. »Was kann da schon drinstehen«, murmelte es, »in so einem Buch.«

Charlotte Brontë (1816–1855)

Britische Schriftstellerin

Zusammen mit ihren beiden jüngeren Schwestern Anne und Emily und ihrem Bruder war die Pfarrerstochter Charlotte Brontë bereits im Kindesalter literarisch tätig. Die Geschwister erschufen elaborierte Fantasie-Universen, in denen sie ihre Erzählungen und Gedichte spielen ließen. Nach ihrer Schulzeit war Charlotte neben dem Schreiben als Lehrerin und Gouvernante an verschiedenen Orten tätig; eine Erfahrung, aus der sich die Erlebnisse ihrer, durchweg weiblichen, Roman-Protagonistinnen speisen. Vor allem *Jane Eyre* und *Villette* gelten als besonders autobiografisch geprägte Werke. Mit *Jane Eyre* gelang ihr nach einigen Misserfolgen auch der Durchbruch als Schriftstellerin, und die eigentlich öffentlichkeitsscheue Autorin wurde in die Londoner Literaturszene eingeführt, wo sie beispielsweise Elizabeth Gaskell kennenlernte, mit der sie eine lebenslange Freundschaft verband und die nach Charlottes Tod die bis heute bekannteste Biografie über sie unter dem Titel *The Life of Charlotte Brontë* veröffentlichte.

Charlotte Brontës Texte stellen ausgesprochen unangepasste weibliche Außenseiterfiguren in den Mittelpunkt – ein mutiges Unterfangen in der damaligen Zeit, in der Frauen, wenn überhaupt, lediglich durch erbauliche Salonliteratur von sich reden machten. Nicht umsonst wählte sie daher, ebenso wie ihre Schwestern, für ihre ersten Veröffentlichungen ein geschlechtsneutrales Pseudonym: Currer Bell.

Brief an Ellen Nussey, 1849

Aber zerschmettert bin ich – noch nicht: weder meiner Geschmeidigkeit beraubt noch der Hoffnung noch des Voranstrebens. Ich habe immer noch etwas Kraft, um die Schlacht des Lebens zu kämpfen. Ich weiß und kann erkennen, dass es viel Trost gibt, viele Gnaden, ich komme zurecht. Aber ich hoffe und bete, dass du oder sonst jemand, den ich liebe, niemals in meine Situation kommt. In einem einsamen Raum zu sitzen, während die Uhr laut durch ein stilles Haus tickt, und vor dem inneren Auge öffnet sich die Übersicht des letztes Jahres mit seinen Schrecken, Leiden und Verlusten, das ist eine Heimsuchung.

Christine Nöstlinger (geb. 1936)
Österreichische Schriftstellerin

Christine Nöstlingers Kinder- und Jugendbücher sind aus gut sortierten Familienbücherregalen wie auch Schulklassenzimmern nicht mehr wegzudenken. Geschichten wie *Maikäfer flieg!* oder *Wir pfeifen auf den Gurkenkönig* wurden zu Klassikern, zudem sind ihre Erzählungen in zahlreichen Anthologien vertreten. Dabei ist die vielfach ausgezeichnete Autorin eigentlich Grafikerin, die wiederum eigentlich Malerin werden wollte. Es kam jedoch anders: Während ihrer zweiten Ehe begann sie zunächst für Zeitungen, Magazine und den Rundfunk zu schreiben, bevor sie 1970 ihr erstes Kinderbuch publizierte. In ihren Werken thematisiert Christine Nöstlinger immer wieder vermeintlich schwierige, mit Tabus behaftete Themen wie Einsamkeit, Außenseitertum, Ehekrisen oder frühe Sexualität. Diese Wendung hin zu realistischen Themen ist symptomatisch für die Jugendliteratur der 1970er-Jahre, die ganz im Zeichen der antiautoritären Bewegung stand und sich dezidiert gesellschaftskritischen Fragen annahm. Über ihre Herangehensweise beim Schreiben sagte Christine Nöstlinger einmal: »Ich habe gewisse Vermutungen darüber, was Kinder lesen wollen, und gewisse Vermutungen, was Kinder lesen sollten. Und dann habe ich noch das dringende Bedürfnis, mir gewisse Dinge von der Seele zu schreiben. Und die feste Überzeugung, dass Kinder beim Lesen gern lachen, die habe ich auch. Aus diesen vier Komponenten mische ich üblicherweise meine Bücher zusammen.«

Morgenworte

»Zeit ist Geld! Zeit ist jede Menge Geld!«, sprach Meier senior tagtäglich zu Meier junior, und dann machte er sich an die Arbeit. Vom frühen Morgen bis in die späte Nacht hinein arbeitete er und gönnte sich kein bisschen Zeit für andere Dinge als Arbeit. Und so hatte er auch keine Zeit zum Geldausgeben. Reich und immer reicher wurde er. Dann starb er eines Tages, und Meier junior erbte das ganze Geld.

»Ich will es meinem Vater gleichtun«, sprach Meier junior. »Wie hat er doch täglich zu mir gesagt?« Lange dachte Meier junior nach, denn leider war er ein Morgenmuffel und hatte seines Vaters Morgenworte nie so recht mitbekommen. »Ach ja«, rief er, »Geld ist Zeit! Das hat der gute Alte immer gesagt! Geld ist jede Menge Zeit!«

Und dann kündigte Meier junior seinen Job und lebte vom Geld, das ihm Meier senior hinterlassen hatte, und er hatte tatsächlich jede Menge Zeit für andere Dinge als Arbeit.

Morgenelend vor dem Badezimmer

Eine Mutter berichtete mir, dass ihr Sohn in letzter Zeit von dem, was die Schule zu bieten hat, nicht angetan war und ihr fernbleiben wollte.

Als ein Taferlklassler ohne die raffinierten Schwänzermöglichkeiten der reiferen Jugend verfiel er auf die verzweifelte Idee, gleich nach dem Erwachen aufs Klo zu gehen, um sich dort einzuschließen. Weder freundliches Locken noch wildes Pochen noch Drohungen konnten ihn zum Verlassen des Örtchens bewegen. Er rief bloß: »Ich bin noch nicht fertig!« Ein Psychologe riet zur Geduld. Man müsse, sagte er, den Grund des Schulunwillens erforschen; dann werde sich der Klotick von selber geben.

Die Mutter wäre zu dieser geduldigen Methode bereit gewesen, hätte der Knirps nicht das Klo als Zuflucht gewählt. Aber in diesem Haushalt gibt es auch noch einen Vater und zwei Töchter! Herzzerreißende, nervenzermürbende Szenen spielten sich jeden Morgen vor dem Klo ab. Der Vater, ansonsten liberaler Erzieher, ließ sich zu Morddrohungen hinreißen, und die Schwestern waren willens, diese ohne Skrupel auszuführen.

Es gab einen Trick, das Kind aus dem Klo zu locken! Die Mutter rief: »Drei viertel acht! Wir müssen gehen!« Dann imitierten alle hastige Schritte und Aufbruch. Man riss die Wohnungstür auf, schlug sie wieder zu, schlich leise zum Klo und wartete mit angehaltenem Atem, bis der getäuschte Knabe die Tür öffnete. Dann entriss man ihm die Tür, stieß ihn ins raue Leben hinaus und stritt nun untereinander, wer in größerer »Not« und in welcher Reihenfolge das Örtchen nun zu benutzen sei.

Eine Woche währte dieser unwürdige Zustand, dann beendete ihn die Mutter durch Abschrauben des Türriegels. Diese Geschichte, so sonderlich sie ist, ist aber nur die Zuspitzung eines Morgenzustands, der in allen Familien von einiger Größe auftritt. Es gibt ja nicht nur verzweifelte Knirpse, sondern auch hartleibige Dauerhocker und Kloleser und Bauchwehkranke. Und wenn der Lokus nicht Ursache des Morgenelends ist, ist es das Bad.

Schon eine Tochter, die das hygienische Recht wahrnimmt, zu duschen, Wimmerl auszudrücken und sie unter perfektem Make-up zu verdecken, bringt alle andern in Morgenpanik. An das schreckliche Los derer, denen satanische Bauherren das Klo ins Bad gebaut haben, will ich gar nicht denken! Warum es in Wohnungen für größere Familien nicht schon längst zwei Klos gibt und im Bad mehrere Waschbecken, ist rätselhaft, denn für alle Architekten ist das eine Selbstverständlichkeit! Zumindest in ihren eigenen Wohnungen.

Bettina von Arnim (1785–1859)

Deutsche Schriftstellerin

Als Schwester des Dichters Clemens Brentano und Enkelin der Schriftstellerin Sophie von La Roche lag Bettina die Literatur quasi im Blut. Da sie nach dem Tod ihrer Eltern bei ihrer berühmten Großmutter in Offenbach am Main lebte, war der Weg in Künstlerkreise nicht weit, und sie bewegte sich in einem inspirierenden Umfeld, in dem sie bereits früh viel Zuwendung und kreative Anregungen erhielt.

Während ihrer Ehe mit Achim von Arnim blieb ihr wenig Muße für literarische Tätigkeiten – sie stand im Schatten ihres einflussreichen Mannes, zudem dürfte sie als Mutter von sieben Kindern kaum eine freie Minute gehabt haben. Später bedauerte sie die »Einfalt« dieser künstlerisch inaktiven Zeit.

Ihr Schaffen erlebte nach dem Tod ihres Mannes eine wahre Beflügelung; sie war fortan politisch und künstlerisch höchst aktiv, schrieb zahlreiche Briefe an berühmte Zeitgenossen wie Johann Wolfgang von Goethe oder Karoline von Günderrode, mit der sie eng befreundet war, sowie essayistische Texte zu politischen Themen, mit denen sie durchaus aneckte: Einige ihrer Werke fielen in Teilen oder gänzlich der preußischen Zensur zum Opfer, da ihnen aufwieglerisches Potenzial zugesprochen wurde.

An die Günderrode

Der Plaudergeist in meiner Brust hat immerfort geschwätzt mit Dir, durch den ganzen holperigen Wald bis auf den Trages, wo alles schon schlief; sie wachten auf und sagten, es wäre schon ein Uhr vorbei; auf dem Lande blasen sie abends die Zeit aus wie eine Kerz, die man sparen will. Wie ich erzählte, dass Du mitgefahren warst bis Hanau, da hätten sie Dich all gern hier haben wollen, ein jeder für sich allein, da wär ich doch um Dich gekommen. Durch Dich feuert der Geist, wie die Sonn durchs frische Laub feuert, und mir geht's wie dem Keim, der in der Sonn brütet, wenn ich an Dich denken will, es wärmt mich, und ich werd freudig und stolz und streck meine Blätter aus, und oft bin ich unruhig und kann nicht auf einem Platz bleiben, ich muss fort ins Feld, in den Wald; – in freier Luft kann ich alles denken, was im Zimmer unmöglich war, da schwärmen die Gedanken über die Berg, und ich seh ihnen nach.

Alles ist heut nach Meerholz gefahren zum Vetter mit der zu großen Nas, ich bin allein zu Haus, ich hab gesagt, ich wollt schreiben, aber die Hauptursach war die Nas.

Eben komm ich aus der Lindenallee, ich hab das ganze Gewitter mitgemacht, die Bäum geben gut Beispiel, wie man soll standhaft sein im Ungewitter, Blitz und Donner hintereinander her, bis sie außer Atem waren, nun ruhen alle Wälder. Ich war gleich nass, und so warm der Regen, hätt's nur stärker noch regnen wollen, aber bald war's schön Wetter und der Regenbogen auf dem Saatfeld; ich war wohl eine halbe Stunde weit gelaufen und ihm doch nicht näher gekommen, da fiel mir ein, dass man oft denkt, es wäre so nah alles, was man gern erreichen möcht, und wie man mit allem Eifer doch nicht näher rückt. Wenn nicht die Schönheit vom Himmel herab uns überstrahlt, von selbst, ihr entgegenlaufen ist umsonst – ich hab den ganzen Nachmittag verlaufen; eben kommen sie schon angefahren.

Sonntag

Gestern ging ich noch allein in der Dunkelheit durchs Feld. Da fiel mir wieder ein, alles, was wir am Sonntag von Frankfurt bis Hanau im Wagen zusammen geredet haben; – wer von uns beiden zuerst sterben wird. Jetzt bin ich schon acht Tag hier, unser Gespräch klingt noch immer nach in mir. »Es gibt ja noch Raum außer dieser kleinen Tags- und Weltgeschichte, in dem die Seel ihren Durst, selbst etwas zu sein, löschen dürfe«, sagtest Du. – Da hab ich aber gefühlt und fühl's eben wieder und immer: Wenn Du nicht wärst, was wär mir die ganze Welt? – Kein Urteil, kein Mensch vermag über mich, aber Du! – Auch bin ich gestorben schon jetzt, wenn Du mich nicht auferstehen heißest und willst mit mir leben immerfort; ich fühl's recht, mein Leben ist bloß aufgewacht, weil Du mir riefst, und wird sterben müssen, wenn es nicht in Dir kann fortgedeihen. – Frei sein willst Du, hast Du gesagt? – Ich will nicht frei sein, ich will Wurzel fassen in Dir – eine Waldrose, die im eignen Duft sich erquicke, will die der Sonne sich schon öffnen, und der Boden löst sich von ihrer Wurzel, dann ist's aus. – Ja, mein Leben ist unsicher; ohne Deine Liebe, in die es eingepflanzt ist, wird's gewiss nicht aufblühen, und mir ist's eben so durch den Kopf gefahren, als ob Du mich vergessen könntest; es ist aber vielleicht nur, weil's Wetter leuchtet so blass und kalt, und wenn ich denk an die feurigen Strahlen, mit denen Du oft meine Seele durchleuchtest! – Bleib mir doch.

Textnachweis

Adelheid Duvanel, *Der Nachmittag*: aus Adelheid Duvanel, *Wände, dünn wie Haut*, © GS-Verlag, Basel, 1979; Alfonsina Storni, *Mein Herz*: aus Alfonsina Storni, *Poemas de amor* © by Limmat Verlag, Zürich; Therese Giehse, *Brechts Katze und meine Katze*: aus *Ich hab nichts zum Sagen. Gespräche mit Monika Sperr*. Rowohlt, 1976; Marie Luise Kaschnitz, *Das letzte Buch*: aus *Gesammelte Werke in sieben Bänden*, Bd. 3: *Die autobiografische Prosa*, Insel Verlag, Frankfurt/Main, 1985. Alle Rechte bei und vorbehalten durch Insel Verlag Berlin; Christine Nöstlinger, *Morgenworte*: aus *Ein und Alles*. © Residenz Verlag; Christine Nöstlinger, *Morgenelend vor dem Badezimmer*: aus Christine Nöstlinger, *Eine Frau sein ist kein Sport. Das Hausbuch für alle Lebenslagen*, herausgegeben von Hubert Hladej, Residenz Verlag, 2011

Bildnachweis

Abbildung Cover: akg-images / Imagno

Abbildungen Innenteil: S. 4: picture alliance/Heritage Images/Fine Art Images, S. 5: picture alliance/Bifab, S. 7: picture alliance/dpa, S. 18: picture alliance/IMAGNO/ÖNB, S. 24: picture alliance/akg-images, S. 27: picture alliance/akg-images, S. 38: picture alliance/akg-images, S. 41: picture alliance/akg-images, S. 47: picture alliance/EFE, S. 49: picture alliance/EFE, S. 50: picture alliance/Heritage Images/The Print Collector, S. 54: picture alliance/KEYSTONE, S. 59: picture alliance/dpa/Wolfgang Langenstrassen, S. 60: picture alliance/akg-images, S. 62: picture alliance/akg-images, S. 65: picture alliance/akg-images, S. 68: picture alliance/dpa-Report/Günter Gueffray, S. 70: picture alliance/akg-images, S. 73: picture alliance/akg-images, S. 68: picture alliance/dpa/dpa-Bildarchiv, S. 82: picture alliance/akg-images, S. 84: picture alliance/Heritage Images/Art Media, S. 86: picture alliance/ROLAND SCHLAGER/APA/picturedesk.com, S. 91: picture alliance, S. 92: picture alliance/dpa/Bifab, S. 95: picture alliance/akg-images.

© 2015 arsEdition GmbH, Friedrichstr. 9, D-80801 München; Alle Rechte vorbehalten
Gestaltung Cover: arsEditon
Grafische Gestaltung Innenteil: Eva Schindler, Grafing
Printed by Tien Wah Press
ISBN 978-3-8458-1047-8
1. Auflage

MIX
Papier aus verantwor-
tungsvollen Quellen
FSC
www.fsc.org   FSC® C012700

www.arsedition.de